	quatre-vingt-dix katr…
100	cent ßã
101	cent un ßã ẽ
102	cent deux ßã dö
110	cent dix ßã diß
111	cent onze ßã õs
120	cent vingt ßã wẽ
200	deux cents dö ßã
300	trois cents troa ßã
437	quatre cent trente-sept 'katrö ßã trãt'ßät
1000	mille mil
2000	deux mille dö mil
10 000	dix mille di mil
100 000	cent mille ßã mil
1000 000	un million ẽ mi'ljõ

Die Ordnungszahlen

1.	premier prö'mje
2.	deuxième dö'sjäm
3.	troisième troa'sjäm
4.	quatrième katri'jäm
5.	cinquième ßẽ'kjäm
6.	sixième ßi'sjäm
7.	septième ßä'tjäm
8.	huitième üi'tjäm
9.	neuvième nö'wjäm
10.	dixième di'sjäm

Das Allerwichtigste

Guten Tag!	Bonjour! bõ'schur!
Guten Abend!	Bonsoir! bõ'ßoar!
Auf Wiedersehen!	Au revoir! o rö'woar!
…, bitte!	…, s'il vous plaît! …, ßil wu plä!
Danke!	Merci! mär'ßi!
Ja.	Oui. ui.
Nein.	Non. nõ.
Entschuldigen Sie!	Pardon! par'dõ!
Rufen Sie schnell einen *Arzt / Krankenwagen*!	Appelez vite *un médecin / une ambulance*! ap'le wit *ẽ med'ßẽ / ün‿ãbü'lãß*!
Wo ist die Toilette?	Où sont les toilettes? u ßõ le toa'lät?
Wann?	Quand? kã?
Was?	Quoi? koa?
Wo?	Où? u?
Hier.	Ici. i'ßi.
Dort.	Là-bas. la'ba.
Rechts.	A droite. a droat.
Links.	A gauche. a gosch.
Haben Sie …?	Vous avez …? wus‿a'we …?
Ich möchte …	Je voudrais … schö wu'drä …
Was kostet das?	Combien ça coûte? kõ'bjẽ ßa kut?
Wo ist …?	Où est …? u ä …?
Wo gibt es …?	Où est-ce-qu'il y a …? u äß‿kil‿ja …?

Langenscheidt

Mein Sprachführer Französisch

Sätze, Wörter und Infos für die Reise

plus Reisetagebuch zum Festhalten Ihrer Erlebnisse

plus Reisewörterbuch

Langenscheidt

Berlin · München · Wien · Zürich · New York

Herausgegeben von der Langenscheidt-Redaktion
Bearbeitet von Marie-France Cecchini unter Mitarbeit von Maria Hoffmann-Dartevelle, Magaly Baudel
Lautschrift von Iris Keramidas
Grafik-Design: Kathrin Mosandl

Bildnachweis:
APA Publications: S. 25; Corbis Images: S. 15; EyeWire Images: S. 67; MEV: S. 21, 61, 65, 71, 129, 177; Photodisc: S. 37, 75, 77, 143, 183; Sagenschneider, E.: S. 39, 99, 155; Stockbyte: S. 102, 114, 161

Abkürzungen:

m	männlich
f	weiblich
pl	Plural
unv	unverändert

Umwelthinweis: gedruckt auf chlorfrei gebleichtem Papier

Satz: Claudia Wild, Stuttgart
Druck und Bindung: Kösel, Krugzell
Printed in Germany
ISBN 978-3-468-22397-6
www.langenscheidt.de

09011

Reisen mit Kindern 61

Behinderte 67

Kommunikation 71

Essen und Trinken 75

Einkaufen 99

Sport und Entspannung 129

Kultur und Nachtleben 143

Behörden 155

Gesundheit 161

Die Zeit 177

Wetter und Umwelt 183

Wenn es unterschiedliche Formen je nach Geschlecht der Person gibt, ist die männliche Form mit ♂ und die weibliche mit ♀ markiert. Z.B. sagt eine Frau: **Je suis heureuse** und ein Mann: **Je suis heureux**.
In den Wortlisten und in der Grammatik verwenden wir dagegen die Abkürzung ***m*** für männlich und ***f*** für weiblich.

Tschüs!	**Salut !** ßa'lü!
Schön, Sie kennengelernt zu haben.	**Je suis ♂ heureux / ♀ heureuse d'avoir fait votre connaissance.** schö ßüis ♂ ö'rö / ♀ ö'rös da'woar fä 'wɔtrö kɔnä'ßãß.
Darf ich bekannt machen? Das ist …	**Permettez-moi de vous présenter. C'est** … pärmäte'mua dö wu presã'te. ßä …
Woher *kommen Sie / kommst du*?	**D'où** … du w…
Sind Sie / Bist du verheiratet?	***Êtes*** … *ät'w*…
Haben Sie / Hast du Kinder?	***Avez*** … *awe'*…
Treffen wir uns *heute Abend / morgen*?	**Si on se voyait *ce soir / demain* ?** ßi õ ßö woa'jä *ßö ßoar / dö'mẽ*?
Wir könnten etwas zusammen machen, wenn *Sie möchten / du* …	**On pourrait faire quelque chose ensemble, si *vous le voulez / tu le veux*.** õ pu'rä fär 'kälkö schos ã'ßãblö …

Bei Auslassungspunkten können Sie das einsetzen, was Sie gerade sagen möchten. Ergänzungen finden Sie in der Liste „weitere Wörter" zu jedem Kapitel.

Manchmal sind in einem Satz zwei verschiedene Möglichkeiten angegeben. Sie sind mit Schrägstrich getrennt und kursiv gesetzt. Lösen Sie diese entsprechend auf, je nachdem was Sie sagen wollen; also entweder *heute Abend* **ce soir** oder *morgen* **demain**.

Sätze mit diesem Symbol können Sie auf der CD „Audio-Sprachführer Französisch" hören, die dem „Reise-Set" beiliegt oder die Sie separat erhalten können (ISBN 978-3-468-22018-0).

Wenn es mehrere Möglichkeiten gibt, einen Satz fortzuführen, stehen die möglichen Ergänzungen unter dem Satz. Setzen Sie die passende Ergänzung in die Lücke ein.

Beim Arzt

Ich bin (stark) erkältet. — **J'ai un (gros) rhume.** schä ẽ (gro) rüm.

Ich habe … — **J'ai …** schä …

– Kopfschmerzen. — **– mal à la tête.** mal a la tät.
– Halsschmerzen. — **– mal à la gorge.** mal a la gorsch.
– hohes Fieber. — **– une forte fiè**
– Fieber. — **– de la fièvre.**
– Durchfall. — **– la diarrhée.**

Ich fühle mich nicht wohl. — **Je ne me sens** schö nö mö ßã

Mir ist schwindelig. — **J'ai des vertige**

Mir *tut/tun* … weh. — **J'ai mal *à/aux***

Um Ihnen die Aussprache zu erleichtern, sind alle französischen Sätze und Wörter zusätzlich in Lautschrift angegeben.

► *Körperteile und Organe,* Seite 185

Qu'est-ce que vous avez comme problèmes ? — Was für Beschwerden haben Sie?

Où avez-vous mal ? — Wo haben S

Ici, vous avez mal ? — Tut das weh

Sätze, die Sie nicht selber sagen werden, die man aber vielleicht zu Ihnen sagt, haben wir in umgekehrter Sprachrichtung (also links Französisch, rechts Deutsch) aufgenommen.

Der rote Pfeil verweist Sie auf andere Kapitel, in denen Sie weitere Wörter und Sätze finden.

Aussprache

Um Ihnen eine Hilfe bei der Aussprache des Französischen zu geben, haben wir alle Wörter und Sätze zusätzlich in vereinfachten Lautschrift wiedergegeben. Außerdem können Sie die Sätze, die mit dem CD-Symbol markiert sind, auf der CD hören, die zusammen mit dem Sprachführer als „Reise-Set Französich" oder separat als „Sprachführer Französisch. Audio-CD" erhältlich ist.

In der folgenden Übersicht sehen Sie links den französischen Buchstaben, dann das Lautschriftzeichen, die Erklärung der Aussprache und zuletzt ein Beispiel.

c	ß k	vor *e* und *i* wie stimmloses *s* in Messe sonst wie *k*	cela ßö'la *das* comme kɔm *wie*
ç	ß	wie stimmloses *s* in *Messe*	ça ßa *das*
ch	sch	wie *sch*	chemise schö'mis *Hemd*
e	e ä ö	geschlossenes *e* wie in *See* kurzes offenes *e* wie in *ändern* schwaches *e* wie in *bitte*	été e'te *Sommer* adresse a'dräß *Adresse* je schö *ich*
g	sch g	vor *e* und *i* wie weiches *sch*, ähnlich wie *g* in *Genie* sonst wie weiches *g*	boulangerie buläsch'ri *Bäckerei* gare gar *Bahnhof*
j	sch	wie weiches *sch*, ähnlich wie in *g Genie*	jour schur *Tag*

ll	l j	manchmal wie *l* manchmal wie *j*	**ville** wil *Stadt* **fille** fij *Tochter*
o	o ɔ	geschlossenes *o* wie in *Moral* offenes *o* wie in *Wolle*	**hôtel** o'täl *Hotel* **octobre** ɔk'tɔbrö *Oktober*
s	ß s	stimmloses *s* wie in *Hast* stimmhaftes *s* wie in *Sonne*	**salut** ßa'lü *hallo* **chose** schos *Sache*
u	ü	wie *ü*	**tu** tü *du*
v, w	w	wie *w* in *Weg*	**vin** vẽ *Wein*
y	i j	vor Konsonanten wie *i* sonst wie *j*	**typique** ti'pik *typisch* **yeux** jö *Augen*

Außerdem sind folgende Buchstabenkombinationen wichtig:

ai, ay	ä	wie *ä*	**plaire** plär *gefallen*
au, eau	o	wie *o*	**au revoir** o rö'woar *Auf Wiedersehen*
eu	ö	wie *ö*	**deux** dö *zwei*
gn	nj	sog. mouilliertes *n*, wie in *Champagner*	**Allemagne** al'manj *Deutschland*
gue, gui	ge, gi	wie *ge* bzw. *gi*, d.h. das *u* bleibt stumm	**guichet** gi'schä *Schalter*

oi	oa	gleitendes *oa*, ähnlich wie im englischen *water*	soir ßoar *Abend*
ou	u	wie *u* in *nur*	vous wu *Sie*
qu	k	wie *k*	qui ki *wer*
ui	ẽ	gleitendes, sehr geschlossenes *ü*	huit üit *acht*

Als Besonderheit der französischen Sprache kennen Sie vielleicht schon die Nasale, Buchstabenkombination aus Vokal und folgendem n oder m, die durch die Nase gesprochen werden:

an, en	ã	durch die Nase gesprochenes *an*	dans dã *in*
in, ein, ain	ẽ	durch die Nase gesprochenes *en*	vin wẽ *Wein*
on	õ	durch die Nase gesprochenes *on*	ton tõ *dein*

Ein genereller Hinweis: Im Französischen werden die Konsonanten am Ende eines Wortes oft nicht mitgesprochen. Auch die oben angeführten Buchstabenkombinationen können alle noch durch Konsonanten ergänzt werden; so kann z.B. eu auch als eux, eut usw. auftreten.

Das h wird im Französischen nie ausgesprochen.

Sicher haben Sie bei den Beispielwörtern oben schon gesehen, dass wir zur Kennzeichnung der Betonung bei den Einzelwörtern jeweils vor die betonte Silbe einen Betonungsakzent ' gesetzt haben. Als Anhaltspunkt können Sie sich merken, dass bei Wörtern und Sätzen die Betonung in der Regel am Ende liegt.

Weitere Hinweise zur Aussprache:

Eine Bindung (*Liaison*) wird zwischen zwei eng zusammengehörenden Wörtern gemacht, wenn das erste Wort mit einem Konsonanten aufhört und das zweite Wort mit einem Vokal oder h beginnt. Bei dieser Verbindung wird der Konsonant ausgesprochen und zum zweiten Wort gezogen:

nous aimons nus‿ä'mõ wir *lieben*
les enfants les‿ã'fã die *Kinder*

Bestimmte Bindungen werden immer gemacht. Dazu zählen die Bindung zwischen Artikel und Substantiv, Pronomen und Substantiv, Zahlwort und Substantiv, Adjektiv und Substantiv oder Pronomen und Verb:

Unerlässlische Bindungen:
Artikel + Substantiv: **les amis** les‿a'mi *die Freunde*
Pronomen + Substantiv: **ces amis** ßes‿a'mi *diese Freunde*
Zahlwort + Substantiv: **trois amis** troas‿a'mi *drei Freunde*
Adjektiv + Substantiv: **un grand hotel** ẽ gr õd‿o'täl *ein großes Hotel*
Pronomen + Verb: **nous allons** nus‿a'lõ *wir gehen*
nach den Präpositionen **chez, dans, en, sans, sous**
nach den Adverbien **très, tout, plus, moins**

Die Auslassung (*Elision*):

Wenn ein Wort mit Vokal aufhört und das folgende Wort mit Vokal oder **h** beginnt, wird der Endvokal des ersten Wortes weggelassen. Die Aufstellung auf der folgenden Seite enthält wichtige Wörter, bei denen eine Elision stattfindet.

Wort	Beispiel
de *von*	**d'elle** däl *von ihr*
je *ich*	**j'aime** schäm *ich mag*
la *sie*	**Il l'a vue.** il la wü. *Er hat sie gesehen.*
le *er, ihn*	**Il l'a vu.** il la wü. *Er hat ihn gesehen.*
me *mich*	**Il m'a vu.** il ma wü. *Er hat mich gesehen.*
ne *(erster Teil der Verneinung)*	**Je n'ai pas envie.** schö nä pa õwi. *Ich habe keine Lust.*
que *dass, den, als*	**Il est plus grand qu'elle.** il ä plü grõ käl. *Er ist größer als sie.*
qu'est-ce que *was*	**Qu'est-ce qu'il veut ?** käßkil wö? *Was will er?*
si *wenn*	**s'il pleut** ßil plö *wenn es regnet*
te *dich*	**Je t'ai vu.** schö tä vu. *Ich habe dich gesehen.*

Erste Kontakte

Guten Tag!
Bonjour !

Wie geht's?
Comment ça va ?

Sich verständigen

Sprechen Sie Deutsch?	**Vous parlez allemand ?** wu par'le al'mã?
Gibt es hier jemanden, der *Deutsch / Englisch* spricht?	**Il y a quelqu'un ici qui parle *allemand / anglais* ?** il‿ja käl'kẽ i'ßi ki parl *al'mã / ã'glä*?
Haben Sie verstanden?	**Vous avez compris ?** wus‿a'we kõ'pri?
Ich habe verstanden.	**J'ai compris.** schä kõ'pri.
Ich habe das nicht verstanden.	**Je n'ai pas compris.** schö nä pa kõ'pri.
Könnten Sie bitte etwas langsamer sprechen?	**Vous pourriez parler un peu plus lentement, s'il vous plaît ?** wu pu'rje par'le ẽ pö plü lãt'mã, ßil wu plä?
Könnten Sie das bitte wiederholen?	**Vous pourriez répéter, s'il vous plaît ?** wu pu'rje repe'te, ßil wu plä?
Wie heißt das auf Französisch?	**Comment ça se dit en français ?** kɔ'mã ßa ßö di ã frã'ßä?
Was bedeutet …?	**Que veut dire … ?** kö wö dir …?
Könnten Sie es mir bitte aufschreiben?	**Vous pourriez me l'écrire, s'il vous plaît ?** wu pu'rje mö le'krir, ßil wu plä?

Sich begrüßen und verabschieden

Guten Tag!	**Bonjour !** bõ'schur!
Guten Abend!	**Bonsoir !** bõ'ßoar!
Gute Nacht!	**Bonne nuit !** bɔn nüi!
Hallo!	**Salut !** ßa'lü!

info Bonjour sagt man in Frankreich für *Guten Morgen* und *Guten Tag*, aber auch abends zur Begrüßung wie *Guten Abend*. Bonsoir kann man sehr spät abends auch zur Begrüßung sagen, ansonsten wird es nur abends zur Verabschiedung gebraucht. Auch *Gute Nacht* heißt bonsoir; nur zu Kindern sagt man, meist in Verbindung mit dem Gutenachtkuss, bonne nuit.
Wenn man jemanden kennenlernt oder jemandem das erste Mal begegnet, ist eine höfliche Begrüßung Bonjour, monsieur/ Bonjour, madame.
Wenn man sich schon etwas besser kennt, begrüßt man sich mit einem *Kuss auf die Wange* une bise. Ob man sich zwei, drei oder sogar vier bises gibt, hängt von der Region ab.

Wie geht es *Ihnen / dir*?	Comment *allez-vous / vas-tu* ? kɔ'mã *t‿ale'wu / wa tü*?
Wie geht's?	Comment ça va ? kɔ'mã ßa wa?
Danke, gut. Und *Ihnen / dir*?	Très bien, merci. Et *vous / toi* ? trä bjẽ, mär'ßi. e *wu / toa*?

info In Frankreich beginnt man ein Gespräch sehr oft mit comment allez-vous? Wenn man sich gut kennt, sagt man meist comment ça va? oder ça va? Als Antwort erhält man aus Höflichkeit fast immer ein Et vous? *Und Ihnen?* Es macht sich immer gut, ein Gespräch mit einem netten Wunsch zu beenden.

Schönen Tag noch!	Bonne journée ! bɔn schur'ne!
Schönes Wochenende!	Bon week-end ! bõ ui'känd!
Viel Glück!	Bonne chance ! bɔn schãß!
Einen schönen Abend!	Bonne soirée ! bɔn ßoa're!

Gute Heimreise!	**Bon retour !** bõ rö'tur!
Es tut mir leid, aber ich muss jetzt gehen.	**Je suis désolé, mais je dois partir maintenant.** schö ßüi deso'le, mä schö doa par'tir mẽt'nã.
Auf Wiedersehen!	**Au revoir !** o rö'woar!
Bis *bald / morgen*!	**A *bientôt / demain* !** a *bjẽ'to / dö'mẽ*!
Tschüs!	**Salut !** ßa'lü!
Schön, Sie kennengelernt zu haben.	**Je suis ♂ heureux / ♀ heureuse d'avoir fait votre connaissance.** schö ßüis ♂ ö'rö / ♀ ö'rös da'woar fä 'wɔtrö kɔnä'ßãß.
Vielen Dank für den netten *Abend / Tag*.	**Merci pour cette charmante *soirée / journée*.** mär'ßi pur ßät schar'mãt *ßoa're / schur'ne*.

Sich kennenlernen

Sich bekannt machen

Wie *heißen Sie / heißt du*?	**Comment *vous appelez-vous / tu t'appelles* ?** kɔ'mã *wus aple'wu / tü ta'päl*
Ich heiße ...	**Je m'appelle ...** schö ma'päl ...

info Franzosen siezen sich hartnäckig, selbst wenn sie jemanden schon lange Jahre kennen. Sie werden oft hören, dass man sich beim Vornamen anredet, aber trotzdem „Sie" sagt. Männer redet man nur mit **Monsieur**, Frauen nur mit **Madame** oder **Mademoiselle** an, ohne den Familiennamen, selbst wenn man ihn kennt.

Darf ich bekannt machen? Das ist …	Permettez-moi de vous présenter. C'est … pärmäte'mua dö wu presã'te. ßä …
– mein Mann.	– mon mari. mõ ma'ri.
– meine Frau.	– ma femme. ma fam.
– mein Freund.	– mon ami. mõn‿a'mi.
– meine Freundin.	– mon amie. mõn‿a'mi.
Woher *kommen Sie* / *kommst du*?	D'où *venez-vous* / *viens-tu* ? du *wöne'wu* / *wjẽ tü*?
Ich komme aus …	Je viens … schö wjẽ …
– Deutschland.	– d'Allemagne. dal'manj.
– Österreich.	– d'Autriche. do'trisch.
– der Schweiz.	– de Suisse. dö ßüiß.
Sind Sie / *Bist du* verheiratet?	*Êtes-vous* / *Es-tu* marié ? *ät'wu* / *ä'tü* ma'rje?
Haben Sie / *Hast du* Kinder?	*Avez-vous* / *As-tu* des enfants ? *awe'wu* / *a'tü* des‿ã'fã?

Sich verabreden

► *Zusagen oder ablehnen*, Seite 20

Treffen wir uns *heute Abend* / *morgen*?	Si on se voyait *ce soir* / *demain* ? ßi õ ßö woa'jä *ßö ßoar* / *dö'mẽ*?
Wir könnten etwas zusammen machen, wenn *Sie möchten* / *du möchtest*.	On pourrait faire quelque chose ensemble, si *vous le voulez* / *tu le veux*. õ pu'rä fär kälkö schos ã'ßãblö, ßi *wu lö wu'le* / *tü lö wö*.
Wollen wir heute Abend zusammen essen?	Si on dînait ensemble ce soir ? ßi õ di'nä ã'ßãblö ßö ßoar?

Ich möchte *Sie*/*dich* einladen. — **Je voudrais *vous inviter*/*t'inviter*.** schö wu'drä *wus‿ẽwi'te*/*tẽwi'te*.

► *Gemeinsam essen*, Seite 95; *Abends ausgehen*, Seite 154

Wann/*Wo* treffen wir uns? — **On se donne rendez-vous à *quelle heure*/*où*?** õ ßö dɔn rãde'wu *a käl‿ör*/*u*?

Treffen wir uns doch um … Uhr. — **Disons qu'on se rencontre à … heures.** di'sõ kõ ßö rã'kõtr‿a … ör.

Ich hole *Sie*/*dich* um … Uhr ab. — **Je passerai *vous*/*te* prendre à … heures.** schö paß'rä *wu*/*tö* prãdr‿a … ör.

Ich bringe Sie nach Hause. — **Je vous raccompagne jusque chez vous.** schö wu rakõ'panj schüßk sche wu.

Ich bringe dich nach Hause. — **Je te raccompagne jusque chez toi.** schö tö rakõ'panj schüßk sche toa.

Sehen wir uns noch einmal? — **On va se revoir?** õ wa ßö rö'woar?

Zusagen oder ablehnen

Sehr gerne. — **Très volontiers.** trä wɔlõ'tje.

In Ordnung. — **O.K.** o'ke

Ich weiß noch nicht. — **Je ne sais pas encore.** schö nö ßä pas‿ã'kɔr.

Vielleicht. — **Peut-être.** pö'tätrö.

Es tut mir leid, aber ich kann nicht. — **Je suis désolé, mais je ne peux pas.** schö ßüi deso'le, mä schö nö pö pa.

Ich habe schon etwas vor. — **J'ai déjà quelque chose de prévu.** schä de'scha kälkö schos dö pre'wü.

Flirten

Sind Sie / Bist du alleine hier?	*Vous êtes / Tu es* seul ici ? *wus‿ät / tü ä* ßöl i'ßi?
Hast du *einen Freund / eine Freundin*?	As-tu *un ami / une amie* ? a tü *ẽn‿a'mi / ün‿a'mi*?
Du bist wunderschön.	Tu es magnifique. tü ä manji'fik.
Du hast wunderschöne *Haare / Augen*.	Tu as *des cheveux / des yeux* magnifiques. tü a *de schö'wö / de‿s‿jö* manji'fik.
Du gefällst mir sehr.	Tu me plaîs beaucoup. tü mö plä bo'ku.
Ich liebe dich.	Je t'aime. schö täm.
Ich bin gerne mit dir zusammen.	Je me sens bien avec toi. schö mö ßã bjẽ a'wäk toa.
Wann sehen wir uns wieder?	On se revoit quand ? õ ßö rö'woa kã?
Kommst du mit zu mir?	Tu viens chez moi ? tü wjẽ sche moa?
Lassen Sie mich in Ruhe!	Laissez-moi tranquille ! läße'moa trã'kil!

Höfliche Wendungen

Gefallen und Missfallen ausdrücken

Sehr gut!	**Très bien !** trä bjẽ!
Ich bin sehr zufrieden!	**Je suis très ♂ content / ♀ contente !** schö ßüi trä ♂ kõ'tã / ♀ kõ'tãt!
Das gefällt mir.	**Ça me plaît.** ßa mö plä.
Sehr gerne.	**Très volontiers.** trä wɔlõ'tje.
Das ist mir egal.	**Ça m'est égal.** ßa mät‿e'gal.
Wie schade!	**Dommage !** dɔ'masch!
Ich würde lieber …	**J'aimerais mieux …** schäm'rä mjö …
Das gefällt mir nicht.	**Ça ne me plaît pas.** ßa nö mö plä pa.
Das möchte ich lieber nicht.	**Je ne préfèrerais pas.** schö nö prefärö'rä pa.
Auf keinen Fall.	**En aucun cas.** ãn‿o'kẽ ka.

Bitten und danken

Vielen Dank.	**Merci beaucoup.** mär'ßi bo'ku.
Darf ich?	**Vous permettez ?** wu pärmä'te?
Bitte, …	**S'il vous plaît, …** ßil wu plä, …
Danke, gerne.	**Oui, merci.** ui, mär'ßi.
Nein, danke.	**Non, merci.** nõ, mär'ßi.
Könnten Sie mir bitte helfen?	**Est-ce que vous pourriez m'aider, s'il vous plaît ?** äß‿kö wu pu'rje mä'de, ßil wu plä?

Vielen Dank, das ist sehr nett von Ihnen.	**Merci beaucoup. C'est très aimable de votre part.** mär'ßi bo'ku. ßä träs‿ä'mablö dö 'wɔtrö par.
Gern geschehen.	**Il n'y a pas de quoi.** il nja pa d‿koa.
Keine Ursache.	**De rien.** dö rjẽ.

Sich entschuldigen

Entschuldigen Sie!	**Excusez-moi !** äkßküse'moa!
Das tut mir leid.	**Je suis désolé.** schö ßüi deso'le.
Macht nichts!	**Ça ne fait rien !** ßa nö fä rjẽ!
Das ist mir sehr unangenehm.	**C'est très embarrassant pour moi.** ßä träs‿ãbara'ßã pur moa.
Das war ein Missverständnis.	**C'était un malentendu.** ße'tät‿ẽ malãtã'dü.

Erste Kontakte: weitere Wörter

Adresse	**l'adresse** *f* la'dräß
allein	**seul** ßöl
Beruf	**la profession** la prɔfä'ßjõ
Bruder	**le frère** lö frär
danke	**merci** mär'ßi
einladen	**inviter** ẽwi'te
essen gehen	**aller manger** a'le mã'sche
Frau *(Anrede)*	**Madame** *f* ma'dam
Frau *(Ehefrau)*	**la femme** la fam
Freund	**l'ami** *m* la'mi
Freundin	**l'amie** *f* la'mi
Geschwister	**les frères et sœurs** *m/ pl* le frär e ßör
heißen; ich heiße	**s'appeler ; je m'appelle** ßap'le; schö ma'päl

Herr	**Monsieur** mö'ßjö
Junge	**le garçon** lö gar'ßõ
kennenlernen	**faire la connaissance de** fär la kɔnä'ßãß dö
Kind	**l'enfant** *m* lã'fã
kommen aus	**venir de** wö'nir dö
Land	**le pays** lö pe'i
Mädchen	**la jeune fille** la schön fij
Mann *(Ehemann)*	**le mari** lö ma'ri
mögen	**aimer** ä'me
Mutter	**la mère** la mär
Partner	**le compagnon** lö kõpa'njõ
Partnerin	**la compagne** la kõ'panj
Schule	**l'école** *f* le'kɔl
Schwester	**la sœur** la ßör
Sohn	**le fils** lö fiß
Stadt	**la ville** la wil
Student	**l'étudiant** letü'djã
Studentin	**l'étudiante** letü'djãt
studieren	**faire des études** fär des‿e'tüd
tanzen gehen	**aller danser** a'le dã'ße
Tochter	**la fille** la fij
sich treffen	**se rencontrer** ßö rãkõ'tre
Urlaub	**les vacances** *f/ pl* le wa'kãß
Vater	**le père** lö pär
sich verabreden	**se donner rendez-vous** ßö dɔ'ne rãde'wu
verheiratet	**marié** ma'rje
verstehen	**comprendre** kõ'prãdrö
wenig	**peu** pö
wiederholen	**répéter** repe'te
wiederkommen	**revenir** röw'nir
wiedersehen	**revoir** rö'woar

Über-
nachten

Kann ich mir das Zimmer ansehen?
Je pourrais voir la chambre ?

Es ist sehr schön. Ich nehme es.
Elle me plaît. Je la prends.

Hotel, Pension, Privatunterkunft

Zimmersuche

Wo ist die Touristeninformation?	**Où se trouve l'office du tourisme ?** u ßö truw lɔ'fiß dü tu'rismö?

info Sie können bei jedem **office du tourisme** *(Touristeninformation)* ein Verzeichnis der verschiedenen Übernachtungsmöglichkeiten in der Gegend bekommen. Die Touristeninformationen sind Ihnen auch gerne bei der Zimmerreservierung behilflich.

Wissen Sie, wo ich hier ein Zimmer finden kann?	**Vous savez où je peux trouver une chambre ici ?** wu ßa'we u schö pö tru'we ün schãbr‿i'ßi?
Können Sie mir … empfehlen?	**Vous pourriez me recommander …** wu pu'rje mö rökɔmã'de …
– ein gutes Hotel	**– un bon hôtel ?** ẽ bɔn‿o'täl?
– ein preiswertes Hotel	**– un hôtel pas trop cher ?** ẽn‿o'täl pa tro schär?
– eine Pension	**– une pension ?** ün pã'ßjõ?
– eine Privatunterkunft	**– une location chez l'habitant ?** ün lɔka'ßjõ sche labi'tã?
Wie viel kostet es (ungefähr)?	**Quel est le prix (à peu près) ?** käl ä lö pri (a pö prä)?
Können Sie für mich dort reservieren?	**Vous pourriez réserver pour moi ?** wu pu'rje resär'we pur moa?
Gibt es hier *eine Jugendherberge / einen Campingplatz*?	**Est-ce qu'il y a *une auberge de jeunesse / un terrain de camping* par ici ?** äß‿kil‿ja *ün‿o'bärsch dö schö'näß / ẽ te'rẽ dö kã'ping* par i'ßi?

Ist es weit von hier?	C'est loin d'ici ?	ßä loẽ di'ßi?
Wie komme ich dorthin?	Comment est-ce que je peux m'y rendre ?	kɔ'mã äß‿kö schö pö mi 'rãdrö?

Ankunft

Für mich ist bei Ihnen ein Zimmer reserviert. Mein Name ist …	On a retenu chez vous une chambre à mon nom. Je m'appelle …	õn‿a rötö'nü sche wu ün schãbr‿a mõ nõ. schö ma'päl …
Haben Sie ein *Doppelzimmer / Einzelzimmer* frei …	Vous auriez une chambre pour *deux personnes / une personne* …	wus‿o'rje ün 'schãbrö pur *dö pär'ßɔn / ün pär'ßɔn* …
– für eine Nacht?	– pour une nuit ?	pur ün nüi?
– für … Nächte?	– pour … nuits ?	pur … nüi?
– mit *Bad / Dusche*?	– avec *bain / douche* ?	a'wäk *bẽ / dusch*?
– mit Balkon?	– avec balcon ?	a'wäk bal'kõ?
– mit Klimaanlage?	– avec air conditionné ?	a'wäk är kõdißjo'ne?
– mit Ventilator?	– avec un ventilateur ?	a'wäk‿ẽ wãtila'tör?
– mit Blick aufs Meer?	– avec vue sur la mer ?	a'wäk wü ßür la mär?

info Doppelzimmer haben meist ein „französisches Bett" für zwei Personen, das zwischen 1,40 und 1,60 Meter breit ist. Wer sein eigenes Bett braucht, fragt bei der Bestellung eines Doppelzimmers nach lits jumeaux, *getrennten Betten.*

Malheureusement, nous sommes complets.	Wir sind leider ausgebucht.
La chambre se libèrera *demain / le*	*Morgen / Am* ... wird ein Zimmer frei.
Wie viel kostet es ...	Combien ça coûte ... kõ'bjẽ ßa kut ...
– mit Frühstück?	– avec le petit déjeuner ? a'wäk lö pö'ti deschö'ne?
– mit Halbpension?	– avec la demi-pension ? a'wäk la dömipã'ßjõ?
– mit Vollpension?	– avec la pension complète ? a'wäk la pã'ßjõ kõ'plät?
Gibt es eine Ermäßigung, wenn man ... Nächte bleibt?	Est-ce qu'il y a une réduction, si l'on reste ... nuits ? äß‿kil‿ja ün redük'ßjõ, ßi lõ räßt ... nüi?
Kann ich mir das Zimmer ansehen?	Je pourrais voir la chambre ? schö pu'rä woar la 'schãbrö?
Könnten Sie ein zusätzliches Bett aufstellen?	Vous pourriez installer un lit supplémentaire ? wu pu'rje ẽßta'le ẽ li ßüplemã'tär?
Haben Sie noch ein anderes Zimmer?	Vous auriez encore une autre chambre ? wus‿o'rje ã'kɔr ün‿'otrö 'schãbrö?
Es ist sehr schön. Ich nehme es.	Elle me plaît. Je la prends. äl mö plä. schö la prã.
Könnten Sie mir das Gepäck aufs Zimmer bringen?	Vous pourriez apporter mes bagages dans la chambre ? wu pu'rje apɔr'te me ba'gasch dã la 'schãbrö?
Wo ist das Bad?	Où sont les toilettes ? u ßõ le toa'lät?

Wo kann ich meinen Wagen abstellen?	**Où est-ce que je peux garer ma voiture ?** u äß‿kö schö pö ga're ma woa'tür?
Wann gibt es Frühstück?	**À quelle heure est le petit déjeuner ?** a käl‿ör ä lö pö'ti deschö'ne?

Service

Kann ich Ihnen meine Wertsachen zur Aufbewahrung geben?	**Est-ce que je peux vous confier mes objets de valeur ?** äß‿kö schö pö wu kõ'fje mes‿ɔb'schä dö wa'lör?
Ich möchte meine Wertsachen abholen.	**Je voudrais reprendre mes objets de valeur.** schö wu'drä rö'prãdrö mes‿ɔb'schä dö wa'lör.
Bitte den Schlüssel für Zimmer ...	**La clé de la chambre ..., s'il vous plaît.** la kle dö la 'schãbrö ..., ßil wu plä.
Kann ich von meinem Zimmer aus (nach Deutschland) telefonieren?	**Est-ce que je peux téléphoner (en Allemagne) depuis ma chambre ?** äß‿kö schö pö telefɔ'ne (ãn‿al'manj) dö'püi ma 'schãbrö?
Ist eine Nachricht für mich da?	**Est-ce qu'il y a un message pour moi ?** äß‿kil‿ja ẽ me'ßasch pur moa?
Könnte ich bitte noch ... haben?	**Est-ce que je pourrais avoir encore ..., s'il vous plaît ?** äß‿kö schö pu'rä a'woar ã'kɔr ..., ßil wu plä?
– eine Decke	**– une couverture** ün kuwär'tür
– ein Handtuch	**– une serviette** ün ßär'wjät
– ein paar Kleiderbügel	**– quelques cintres** 'kälkö 'ßẽtrö
– ein Kopfkissen	**– un oreiller** ẽn‿ɔrä'je

Meine Tür lässt sich nicht abschließen.
Ma porte ne ferme pas à clé.
ma pɔrt nö färm pa a kle.

Das Fenster geht nicht *auf / zu*.
La fenêtre ne *s'ouvre / ferme* pas.
la fö'nätrö nö *'ßuwrö / färm* pa.

... funktioniert nicht.
... ne marche pas. ... nö marsch pa.

- Die Dusche – **La douche** la dusch
- Der Fernseher – **La télévision** la telewi'sjõ
- Die Heizung – **Le chauffage** lö scho'fasch
- Der Internetanschluss – **La connexion à internet** la kɔnä'kßjõ a ẽtär'nät
- Die Klimaanlage – **La climatisation** la klimatisa'ßjõ
- Die Spülung – **La chasse d'eau** la schaß do
- Der Ventilator – **Le ventilateur** lö wãtila'tör

Es kommt kein (warmes) Wasser.
Il n'y a pas d'eau (chaude).
il nja pa do (schod).

Der Wasserhahn tropft.
Le robinet goutte. lö rɔbi'nä gut.

Der Abfluss ist verstopft.
L'écoulement est bouché.
lekul'mã ä bu'sche.

Die Toilette ist *verstopft / schmutzig*.
Les toilettes sont *bouchées / sales*.
le toa'lät ßõ *bu'sche / ßal*.

Abreise

Wecken Sie mich bitte (morgen früh) um ... Uhr.
Réveillez-moi (demain matin) à ... heures, s'il vous plaît. rewäje'moa (dö'mẽ ma'tẽ) a ... ör, ßil wu plä.

Wir reisen morgen ab.
Nous partons demain.
nu par'tõ dö'mẽ.

Machen Sie bitte die Rechnung fertig.
Préparez-nous la note, s'il vous plaît. prepare'nu la nɔt, ßil wu plä.

Es war sehr schön hier.	**Nous avons passé un séjour très agréable.** nus‿a'wõ pa'ße ẽ ße'schur träs‿agre'ablö.
Kann ich mein Gepäck noch bis … Uhr hierlassen?	**Est-ce que je peux encore laisser mes bagages ici jusqu'à … heures?** äß‿kö schö pö ã'kɔr lä'ße me ba'gasch i'ßi schüßka … ör?
Rufen Sie bitte ein Taxi.	**Appelez-moi un taxi, s'il vous plaît.** aple'moa ẽ ta'kßi, ßil wu plä.

Ferienwohnung

Wir haben die Wohnung … gemietet.	**Nous avons loué l'appartement …** nus‿a'wõ lu'e lapartö'mã …
Wo bekommen wir die Schlüssel?	**Où pouvons-nous prendre les clés?** u puwõ'nu 'prãdrö le kle?
Könnten wir bitte noch (zusätzliche) *Bettwäsche / Geschirrtücher* bekommen?	**Nous pourrions avoir *des draps / des torchons* (en plus)?** nu pu'rjõs‿a'woar *de dra / de tɔr'schõ* (ã plüß)?
Wo ist der Sicherungskasten?	**Où se trouvent les fusibles?** u ßö truw le fü'siblö?
Könnten Sie uns bitte erklären, wie … funktioniert?	**Vous pourriez nous expliquer comment fonctionne …, s'il vous plaît?** wu pu'rje nus‿äkßpli'ke kɔ'mã fõk'ßjɔn …, ßil wu plä?
– die Spülmaschine	**– le lave-vaisselle** lö law wä'ßäl
– der Herd	**– la cuisinière** la küisi'njär
– die Waschmaschine	**– la machine à laver** la ma'schin‿a la'we

Wohin kommt der Müll?

Où devons nous déposer les ordures ? u döwõ'nu depo'se les‿ɔr'dür?

Könnten Sie uns bitte sagen, wo eine Bäckerei ist?

Pouvez-vous nous dire où il y a une boulangerie ? puwe'wu nu dir u il‿ja ün bulãsch'ri?

Wo können wir das Auto abstellen?

Où pouvons-nous garer la voiture ? u puwõ'nu ga're la woa'tür?

Camping

Dürfen wir auf Ihrem Grundstück zelten?

Est-ce que nous pouvons camper sur votre terrain ? äß‿kö nu pu'wõ kã'pe ßür 'wɔtrö te'rẽ?

Haben Sie noch Platz für …?

Est-ce qu'il y a encore de la place pour… ? äß‿kil‿ja ä'kɔr dö la plaß pur …?

Wie hoch ist die Gebühr für …

Quel est le tarif pour … käl ä lö ta'rif pur …

- … Erwachsene und … Kinder?
- einen Pkw mit Wohnwagen?
- ein Wohnmobil?
- ein Zelt?

- **… adultes et … enfants ?** … a'dült e … ã'fã?
- **une voiture avec caravane ?** ün woa'tür a'wäk kara'wan?
- **un camping-car ?** ẽ kãping'kar?
- **une tente ?** ün tãt?

Vermieten Sie auch *Bungalows / Wohnwagen*?

Est-ce que vous louez aussi des *bungalows / caravanes* ? äß‿kö wu lu'e o'ßi de *bẽga'lo / kara'wan*?

Wir möchten *einen Tag / … Tage* bleiben.

Nous voudrions rester *un jour / … jours*. nu wudri'jõ räß'te *ẽ schur / … schur*.

Wo können wir *unser Zelt / unseren Wohnwagen* aufstellen?	Où pouvons-nous installer *notre tente / notre caravane* ? u puwõ'nu ẽßta'le *'nɔtrö tãt / 'nɔtrö kara'wan?*
Wo sind die *Waschräume / Toiletten*?	Où sont les *lavabos / toilettes* ? u ßõ le *lawa'bo / toa'lät?*
Wo kann ich das Chemieklo entsorgen?	Où est-ce que je peux vider les toilettes chimiques ? u äß‿kö schö pö wi'de le toa'lät schi'mik?
Gibt es hier Stromanschluss?	Vous avez un branchement électrique ? wus‿a'we ẽ brãsch'mã eläk'trik?
Kann ich hier Gasflaschen *kaufen / umtauschen*?	Je peux *acheter / échanger* des bouteilles de butane ici ? schö pö *asch'te / eschã'sche* de bu'täj dö bü'tan i'ßi?

Übernachten: weitere Wörter

abreisen	partir par'tir
Adapter	l'adaptateur *m* ladapta'tör
Anzahlung	l'acompte *m* la'kõt
Appartement	le studio lö ßtü'djo
Aschenbecher	le cendrier lö ßãdri'je
Aufenthaltsraum	la salle de réunion la ßal dö reü'njõ
Aufzug	l'ascenseur *m* laßã'ßör
Badewanne	la baignoire la bä'njoar
Beanstandung	la réclamation la reklama'ßjõ
Besen	le balai lö ba'lä
Bett	le lit lö li
Bettdecke	la couverture la kuwär'tür
Bettlaken	le drap lö dra
bügeln	repasser röpa'ße
Bungalow	le bungalow lö bẽga'lo

Camping	le camping lö kã'ping
Decke	la couverture la kuwär'tür
Doppelbett	le lit conjugal lö li kõschü'gal
Dusche	la douche la dusch
Einzelbett	le lit à une place lö li a ün plaß
Empfang	la réception la reßäp'ßjõ
Endreinigung	le ménage de fin de séjour lö me'nasch dö fẽ dö ße'schur
Ferienhaus	la maison de vacances la mä'sõ d‿wa'kãß
Ferienwohnung	le meublé lö mö'ble
Fernseher	la télévision la telewi'sjõ
Foyer	le hall d'entrée lö ol dã'tre
Frühstücksbüfett	le buffet du petit déjeuner lö bü'fe dü pö'ti deschö'ne
Frühstücksraum	la salle du petit déjeuner la ßal dü pö'ti deschö'ne
Gaskartusche	la cartouche de gaz la kar'tusch dö gas
Gaskocher	le réchaud à gaz lö re'scho a gas
Geschirr	la vaisselle la wä'ßäl
Glas	le verre lö wär
Glühbirne	l'ampoule *f* lã'pul
Hammer (für Heringe)	le maillet (pour piquets) lö ma'jä (pur pi'kä)
Handtuch	la serviette la ßär'wjät
Hauptsaison	la haute saison la ot ßä'sõ
Hausverwaltung	la gestion la schäß'tjõ
Hering	le piquet (de tente) lö pi'kä (dö tãt)
Hotel	l'hôtel *m* lo'täl
Hotelkärtchen	la carte de visite de l'hôtel la 'kart dö wi'sit dö lo'täl
Isomatte	le tapis de sol lö ta'pi dö ßɔl
Jugendherberge	l'auberge *f* de jeunesse lo'bärsch dö schö'näß

Kaffeemaschine	la cafetière (électrique) la kaf'tjär (eläk'trik)
Kamin	la cheminée la schömi'ne
kaputt	cassé ka'ße
Kaution	la caution la ko'ßjõ
Kinderbett	le lit d'enfant lö li dã'fã
Kocher	le réchaud lö re'scho
Kühlschrank	le réfrigérateur lö refrischera'tör
Lampe	la lampe la lãp
Leihgebühr	le prix de la location lö pri dö la lɔka'ßjõ
Luftmatratze	le matelas pneumatique lö mat'la pnöma'tik
Matratze	le matelas lö mat'la
Miete	le loyer lö loa'je
mieten	louer lu'e
Moskitonetz	la moustiquaire la mußti'kär
Moskitospirale	la spirale anti-moustiques la ßpi'ral ãtimuß'tik
Mülleimer	la poubelle la pu'bäl
Nachsaison	la basse saison la baß ßä'sõ
Notausgang	la sortie de secours la ßɔr'ti dö ßö'kur
Putzmittel	les produits *m/ pl* de nettoyage le prɔ'düi dö netoa'jasch
Rechnung	la facture la fak'tür
reservieren	réserver resär'we
reserviert	réservé resär'we
Rezeption	la réception la reßäp'ßjõ
Safe	le coffre-fort lö 'kɔfrö fɔr
Schlafsaal	le dortoir lö dɔr'toar
Schlafsack	le sac de couchage lö ßak dö ku'schasch
Schlüssel	la clé la kle
schmutzig	sale ßal
Schrank	l'armoire *f* lar'moar

Sicherung	le fusible lö fü'siblö
Spannung, elektrische	le voltage lö wɔl'tasch
Spiegel	la glace la glaß
Steckdose	la prise (de courant) la pris (dö ku'rã)
Stecker	la fiche la fisch
Stuhl	la chaise la schäs
Swimmingpool	la piscine la pi'ßin
Telefon	le téléphone lö tele'fɔn
Terrasse	la terrasse la tä'raß
Tisch	la table la 'tablö
Toilette	les toilettes *f/ pl* le toa'lät
Toilettenpapier	le papier hygiénique lö pa'pje ischje'nik
Trinkwasser	l'eau *f* potable lo pɔ'tablö
Ventilator	le ventilateur lö wãtila'tör
Verlängerungskabel	la rallonge électrique la ra'lõsch‿eläk'trik
Verlängerungswoche	la semaine supplémentaire la ßö'män ßüplemã'tär
Voranmeldung	la réservation la resärwa'ßjõ
Vorsaison	l'avant-saison *f* lawãßä'sõ
Waschbecken	le lavabo lö lawa'bo
waschen	laver la'we
Wäschetrockner	le sèche-linge lö ßäsch lẽsch
Waschmaschine	la machine à laver la ma'schin‿a la'we
Waschmittel	la lessive la lä'ßiw
Waschraum	les lavabos *m/ pl* le lawa'bo
Wasser	l'eau *f* lo
Wasserhahn	le robinet lö rɔbi'nä
Wohnmobil	le camping-car lö kãping'kar
Wohnwagen	la caravane la kara'wan
Zelt	la tente la tãt
zelten	camper cã'pe
Zimmer	la chambre la 'schãbrö

Unterwegs

Welche U-Bahn fährt nach ...?
Quel métro va à ... ?

Wo gibt es die Fahrscheine?
Où est-ce qu'on peut acheter les tickets ?

Fragen nach dem Weg

Entschuldigung, wo ist …?	**Pardon, où est … ?** par'dõ, u ä …?
Wie komme ich *nach / zu* …?	**Pour aller à … ?** pur a'le a …?
Können Sie mir das bitte auf der Karte zeigen?	**Vous pouvez me le montrer sur la carte, s'il vous plaît ?** wu pu'we mö lö mõ'tre ßür la kart, ßil wu plä?
Wie viele Minuten *zu Fuß / mit dem Auto*?	**C'est à combien de minutes *à pied / en voiture* ?** ßät‿a kõ'bjẽ dö mi'nüt‿*a pje / ã woa'tür*?
Ist das die Straße nach …?	**C'est bien la route pour … ?** ßä bjẽ la rut pur …?
Wie komme ich zur Autobahn nach …?	**Comment arriver sur l'autoroute pour … ?** kɔ'mã ari'we ßür loto'rut pur …?
Je suis désolé, je ne sais pas.	Tut mir leid, das weiß ich nicht.
Au prochain *feu / croisement* …	An der nächsten *Ampel / Kreuzung* …
La première rue à gauche.	Die erste Straße links.
La seconde rue à droite.	Die zweite Straße rechts.
Traversez *la place / la rue*.	Überqueren Sie *den Platz / die Straße*.
Vous pouvez prendre *le bus / le métro*.	Sie können *den Bus / die U-Bahn* nehmen.

Orts- und Richtungsangaben

à côté de	neben
à droite	(nach) rechts
à gauche	(nach) links
assez loin	ziemlich weit
croisement *m*	Kreuzung
derrière	hinter
devant	vor
en arrière	zurück
en descendant les escaliers	die Treppen herunter
en face de	gegenüber
en montant les escaliers	die Treppen herauf
feu *m*	Ampel
ici	hier
là-bas	dort
par ici	hier entlang
par là	dort hinten
pas loin	nicht weit
près de	nahe bei
rue *f*	Straße
tout droit	geradeaus
virage *m*	Kurve

Gepäck

Ich möchte mein Gepäck hierlassen.
Je voudrais laisser mes bagages ici. schö wu'drä lä'ße me ba'gasch i'ßi.

Ich möchte mein Gepäck abholen.
Je voudrais retirer mes bagages. schö wu'drä röti're me ba'gasch.

Mein Gepäck ist (noch) nicht angekommen.
Mes bagages ne sont pas (encore) arrivés. me ba'gasch nö ßõ pas (ã'kɔr) ari'we.

Wo ist mein Gepäck?
Où sont mes bagages ? u ßõ me ba'gasch?

Mein Koffer ist beschädigt worden.
Ma valise a été abîmée. ma wa'lis a e'te abi'me.

An wen kann ich mich wenden?
A qui est-ce que je peux m'adresser ? a ki äß‿kö schö pö madrä'ße?

Flugzeug

Wo ist der Schalter der Fluggesellschaft ...?
Où est le guichet de la compagnie aérienne ... ? u ä lö gi'schä dö la kõpa'nji ae'rjän ...?

Wie viel kostet ein Flug nach ...?
Combien coûte un vol pour ... ? kõ'bjẽ kut ẽ wɔl pur ...?

Bitte ein Flugticket ...
Un billet ..., s'il vous plaît. ẽ bi'jä ..., ßil wu plä.

- einfach.
- hin und zurück.
- Businessclass.

- **aller simple** a'le 'ßẽplö
- **aller-retour** a'le rö'tur
- **en classe affaires** ã klaß a'fär

Ich hätte gerne einen *Fensterplatz / Gangplatz.*	Je voudrais une place *côté fenêtre / côté couloir.* schö wu'drä ün plaß *ko'te fö'nätrö / ko'te ku'loar.*
Ich möchte meinen Flug …	Je voudrais … mon vol. schö wu'drä … mõ wɔl.
– rückbestätigen lassen.	– reconfirmer rökõfir'me
– stornieren.	– annuler anü'le
– umbuchen.	– modifier mɔdi'fje

Flugzeug: weitere Wörter

Abflug	le départ lö de'par
Ankunft	l'arrivée *f* lari'we
Anschlussflug	la correspondance la kɔräßpõ'dãß
Ausgang	la sortie la ßɔr'ti
Bordkarte	la carte d'embarquement la kart dãbarkö'mã
Flughafen	l'aéroport *m* laerɔ'pɔr
Flughafenbus	la navette (d'aéroport) la na'wät (daerɔ'pɔr)
Flughafengebühr	la taxe d'aéroport la takß daerɔ'pɔr
Flugzeit	la durée du vol la dü're dü wol
Flugzeug	l'avion *m* la'wjõ
Landung	l'atterrissage *m* lateri'ßasch
Pilot	le pilote lö pi'lɔt
Rückflug	le vol de retour lö wɔl dö rö'tur
Schalter	le guichet lö gi'schä
Spucktüte	le sachet en cas de nausée lö ßa'schä ã ka dö no'se
Steward	le steward lö ßti'wart
Stewardess	l'hôtesse de l'air *f* lo'täß dö lär
Ticket	le billet lö bi'jä
Verspätung	le retard lö rö'tar
Zwischenlandung	l'escale *f* läß'kal

Zug

Auskunft und Fahrkarten

Wo finde ich die *Gepäckaufbewahrung / Schließfächer*?
Où est la *consigne / consigne automatique*? u ä la *kõ'ßinj / kõ'ßinj ɔtɔma'tik?*

info Der **TGV (Train à grande vitesse)** entspricht ungefähr dem deutschen ICE. Er ist *zuschlagpflichtig* (**train à supplément**) und *platzkartenpflichtig* (**réservation obligatoire**). Reservierungen sind hier also erforderlich.

Wann fährt ein Zug nach …?
Quand y a-t-il un train pour … ? kã ja'til ẽ trẽ pur …?

Wann fährt der nächste Zug nach …?
A quelle heure part le prochain train pour … ? a käl‿ör par lö prɔ'schẽ trẽ pur …?

Wann ist er in …?
A quelle heure arrive-t-il à … ? a käl‿ör a'riw‿til a …?

Muss ich umsteigen?
Je dois changer ? schö doa schã'sche?

Von welchem Gleis fährt der Zug nach … ab?
De quel quai part le train pour … ? dö käl kä par lö trẽ pur …?

Was kostet eine Fahrkarte nach …?
Combien coûte un billet pour … ? kõ'bjẽ kut ẽ bi'jä pur …?

Gibt es eine Ermäßigung für …?
Est-ce qu'il y a une réduction pour … ? äß‿kil‿ja ün redük'ßjõ pur …?

Ist dieser Zug zuschlagpflichtig?
Est-ce que ce train est à supplément ? äß‿kö ßö trẽ ät‿a ßüple'mã?

Nach … bitte eine Karte …	**Pour …, s'il vous plaît, un billet …** pur …, ßil wu plä, ẽ bi'jä …
– einfach.	**– aller simple.** a'le 'ßẽplö.
– hin und zurück.	**– aller-retour.** a'le rö'tur.
– für Kinder.	**– pour enfants.** pur ã'fã.
Bitte eine Platzkarte für den Zug um … Uhr nach …	**Une réservation sur le train de … pour …, s'il vous plaît.** ün resärwa'ßjõ ßür lö trẽ dö … pur …, ßil wu plä.
Ich hätte gerne einen Platz …	**J'aimerais avoir une place …** schäm'rä a'woar ün plaß …
– im Großraumwagen.	**– dans une voiture (sans compartiments).** dãs_ün woa'tür (ßã kõparti'mã).
– im Abteil.	**– dans un compartiment.** dãs_ẽ kõparti'mã.
– am Fenster.	**– à côté de la fenêtre.** a ko'te dö la fö'nätrö.
– am Gang.	**– près du couloir.** prä dü ku'loar.

info In Frankreich müssen Sie die Fahrkarte vor Fahrtbeginn immer entwerten. *Entwerter* **composteurs** stehen am Eingang zu den Bahnsteigen.

Kann man im Zug etwas zu essen und zu trinken kaufen?	**Est-ce qu'on peut acheter quelque chose à manger et à boire dans le train ?** äß_kõ pö asch'te kälkö schos_a mã'sche e a boar dã lö trẽ?
Ich möchte mein Fahrrad mitnehmen.	**Je voudrais emporter mon vélo.** schö wu'drä ãpɔr'te mõ we'lo.

Auf dem Bahnhof

Accès aux quais	Zu den Bahnsteigen
Consigne	Gepäckaufbewahrung
Consigne automatique	Schließfächer
Douches	Duschen
Eau non potable	Kein Trinkwasser
Eau potable	Trinkwasser
Enregistrement des bagages au Service	Gepäckannahme
Lavabos	Waschräume
Renseignements	Auskunft
Restaurant de la gare	Bahnhofsgaststätte
Salle d'attente	Wartesaal
Sortie	Ausgang
Toilettes	Toiletten
Voie	Gleis

Im Zug

Ist dies der Zug nach ...?	C'est le train pour ... ? ßä lö trẽ pur ...?
Ist dieser Platz frei?	Cette place est libre ? ßät plaß ä 'librö?
Entschuldigen Sie, das ist mein Platz.	Excusez-moi, c'est ma place. äkßküse'moa, ßä ma plaß.
Können Sie mir bitte helfen?	Est-ce que vous pouvez m'aider, s'il vous plaît ? äß‿kö wu pu'we mä'de, ßil wu plä?
Wie lange haben wir Aufenthalt?	Combien de temps dure l'arrêt ? kõ'bjẽ dö tã dür la'rä?

Darf ich das Fenster öffnen?	**Vous permettez que j'ouvre la fenêtre ?** wu pärmä'te kö 'schuwrö la fö'nätrö?
Darf ich das Fenster schließen?	**Vous permettez que je ferme la fenêtre ?** wu pärmä'te kö schö färm la fö'nätrö?
Wie viele Stationen sind es noch bis …?	**Combien y a-t-il encore d'arrêts jusqu'à … ?** kõ'bjẽ ja_til ã'kor da'rä schüßka …?
Erreiche ich den Zug nach … noch?	**Est-ce que j'aurai le train pour … ?** äß_kö scho'rä lö trẽ pur?

Im Zug: weitere Wörter

Abfahrt	**le départ** lö de'par
ankommen	**arriver** ari'we
Ankunft	**l'arrivée** *f* lari'we
Anschluss	**la correspondance** la kɔräßpõ'dãß
Ausgang	**la sortie** la ßɔr'ti
aussteigen	**descendre** de'ßãdrö
Bahnhof	**la gare** la gar
Bahnsteig	**le quai** lö kä
einsteigen	**monter** mõ'te
Fahrplan	**l'horaire** *m* lɔ'rär
Fahrpreis	**le prix du billet** lö pri dü bi'jä
Fensterplatz	**la place côté fenêtre** la plaß ko'te fö'nätrö
Gepäckwagen	**le wagon à bagages** lö wa'gõ a ba'gasch
Gleis	**la voie** la woa
Klasse	**la classe** la klaß
Liegewagen	**la voiture-couchettes** la woa'tür ku'schät

reserviert	réservé resär'we
Schaffner	le contrôleur lö kõtro'lör
Schlafwagen	le wagon-lit lö wagõ'li
Schließfächer	les casiers *m/ pl* le ka'sje
Speisewagen	le wagon-restaurant lö wa'gõ räßto'rã
umsteigen	changer de train schã'sche dö trẽ
Waggon	la voiture la woa'tür
Zuschlag	le supplément lö ßüple'mã

Überlandbus

Wie komme ich zum Busbahnhof?
Comment est-ce que je peux faire pour aller à la gare routière ? kɔ'mã äß‿kö schö pö fär pur a'le a la gar ru'tjär?

Wann fährt der nächste Bus nach … ab?
Quand part le prochain car pour … ? kã par lö prɔ'schẽ kar pur …?

Bitte *eine Karte / zwei Karten* nach …
Un ticket / Deux tickets pour …, s'il vous plaît. *ẽ ti'kä / dö ti'kä* pur …, ßil wu plä.

Wie lange haben wir Aufenthalt?
Combien de temps dure l'arrêt ? kõ'bjẽ dö tã dür la'rä?

Wie lange dauert die Fahrt?
Combien de temps dure le voyage ? kõ'bjẽ dö tã dür lö woa'jasch?

Ist … die Endhaltestelle?
Est-ce que … est le terminus ? äß‿kö … ä lö tärmi'nüß?

Sagen Sie mir bitte, wo ich aussteigen muss?
Pouvez-vous me dire où je dois descendre ? puwe'wu mö dir u schö doa de'ßädrö?

Schiff

Auskunft und Buchung

Wann fährt *das nächste Schiff / die nächste Fähre* nach … ab?	**Quand part *le prochain bateau / le prochain ferry* pour … ?** kã par *lö prɔ'schẽ ba'to / lö prɔ'schẽ fe'ri* pur …?
Wie lange dauert die Überfahrt nach …?	**Combien de temps dure la traversée pour … ?** kõ'bjẽ dö tã dür la trawär'ße pur …?
Wann legen wir in … an?	**Quand est-ce qu'on accoste à … ?** kãt‿äß‿kõn‿a'kɔßt‿a …?
Wann müssen wir an Bord sein?	**Quand devons-nous être à bord ?** kã döwõ'nu ätr‿a bɔr?
Ich möchte eine Schiffskarte *erster Klasse / Touristenklasse* nach …	**Je voudrais un billet de bateau en *première classe / classe touriste* pour …** schö wu'drä ẽ bi'jä dö ba'to ã *prö'mjär klaß / klaß tu'rißt* pur …
Ich möchte …	**Je voudrais …** schö wu'drä …
– eine Einzelkabine.	**– une cabine individuelle.** ün ka'bin ẽdiwidü'äl.
– eine Zweibettkabine.	**– une cabine à deux places.** ün ka'bin‿a dö plaß.
– eine Außenkabine.	**– une cabine extérieure.** ün ka'bin äkßte'rjör.
– eine Innenkabine.	**– une cabine intérieure.** ün kabin ẽte'rjör.
Ich möchte eine Karte für die Rundfahrt um … Uhr.	**Je voudrais un billet pour l'excursion de … heures.** schö wu'drä ẽ bi'jä pur läkßkür'ßjõ dö … ör.

An Bord

Ich suche die Kabine Nummer … — **Je cherche la cabine numéro …** schö schärsch la ka'bin nüme'ro …

Kann ich eine andere Kabine bekommen? — **Est-ce que je pourrais changer de cabine ?** äß‿kö schö pu'rä schã'sche dö ka'bin?

Haben Sie ein Mittel gegen Seekrankheit? — **Vous avez un remède contre le mal de mer ?** wus‿a'we ẽ rö'mäd 'kõtrö lö mal dö mär?

Schiff: weitere Wörter

Anlegestelle	**le point d'accostage** lö poẽ dakɔß'tasch
Autofähre	**le car-ferry** lö karfe'ri
Deck	**le pont** lö põ
Decke	**la couverture** la kuwär'tür
Kapitän	**le capitaine** lö kapi'tän
Klimaanlage	**la climatisation** la klimatisa'ßjõ
Kreuzfahrt	**la croisière** la kroa'sjär
Küste	**la côte** la kot
Landausflug	**l'excursion *f* à terre** läkßkür'ßjõ a tär
Liegestuhl	**la chaise longue** la schäs lõg
Rettungsboot	**l'embarcation *f* de sauvetage** lãbarka'ßjõ dö ßow'tasch
Rettungsring	**la bouée de sauvetage** la bu'e dö ßow'tasch
Schiff	**le bateau** lö ba'to
Schiffsagentur	**l'agence *f* maritime** la'schãß mari'tim
Schiffsarzt	**le médecin de bord** lö med'ßẽ dö bɔr
Schwimmweste	**le gilet de sauvetage** lö schi'lä dö ßow'tasch
Seegang	**la mer agitée** la mär aschi'te

Auto, Motorrad

Vermietung

Ich möchte … mieten.	**Je voudrais louer …** schö wu'drä lu'e …
– ein Auto (mit Automatik)	**– une voiture (à embrayage automatique).** ün woa'tür (a ãbrä'jasch ɔtɔma'tik).
– einen Geländewagen	**– un quatre-quatre.** ẽ kat'katr.
– ein Motorrad	**– une moto.** ün mo'to.
– ein Wohnmobil	**– un camping-car.** ẽ kãping'kar.
Ich möchte es für … mieten.	**Je voudrais la louer pour …** schö wu'drä la lu'e pur …
– morgen	**– demain.** dö'mẽ.
– einen Tag	**– une journée.** ün schur'ne.
– zwei Tage	**– deux jours.** dö schur.
– eine Woche	**– une semaine.** ün ßö'män.
Wie viel kostet das?	**Combien ça coûte ?** kõ'bjẽ ßa kut?
Wie viele Kilometer sind im Preis enthalten?	**Combien de kilomètres sont inclus dans le prix ?** kõ'bjẽ dö kilɔ'mätrö ßõt_ẽ'klü dã lö pri?

info Französische Autobahnen sind gebührenpflichtig. Sie zahlen die Gebühr an der *(automatischen) Mautstelle* **péage (automatique)**. Wenn Sie kein passendes Kleingeld haben, ordnen Sie sich in der Spur ein, die mit **«Usagers sans monnaie»** – *Benutzer ohne Kleingeld* gekennzeichnet ist.

Welchen Treibstoff braucht das Auto?	**Quelle sorte de carburant est-ce que la voiture consomme ?** käl ßɔrt dö karbü'rã äß_kö la woa'tür kõ'ßɔm?

Ist eine Vollkasko-versicherung eingeschlossen?	**L'assurance tous risques est comprise ?** laßü'räß tu rißk ä kõ'pris?
Kann ich das Auto auch in ... abgeben?	**Je peux aussi restituer la voiture à ... ?** schö pö o'ßi räßtitü'e la woa'tür a ...?
Bis wann muss ich zurück sein?	**A quelle heure est-ce que je dois être de retour ?** a käl‿ör äß‿kö schö doa 'ätrö dö rö'tur?
Bitte geben Sie mir auch einen Sturzhelm.	**Donnez-moi aussi un casque (de protection), s'il vous plaît.** dɔne'moa o'ßi ẽ kaßk (dö prɔtäk'ßjõ), ßil wu plä.

info Die **RN (route nationale)** entspricht in etwa der Bundesstraße, die **RD (route départementale)** einer Landstraße. Innerhalb einer geschlossenen Ortschaft dürfen Sie 50 km/h fahren; auf Landstraßen ohne Mittelstreifen sind 90 km/h, auf Landstraßen mit Planke oder Mittelstreifen 110 km/h erlaubt. Auf Stadtautobahnen dürfen Sie bis zu 110 km/h, auf anderen Autobahnen 130 km/h fahren.

An der Tankstelle

Wo ist die nächste Tankstelle?	**Où se trouve la station-service la plus proche ?** u ßö truw la ßta'ßjõ ßär'wiß la plü prɔsch?
Ich möchte *1 Liter / 2 Liter* Öl.	**Je voudrais *1 litre / 2 litres* d'huile.** schö wu'drä *ẽ 'litrö / dö 'litrö* düil.
Bitte einen Ölwechsel.	**Une vidange, s'il vous plaît.** ün wi'dãsch, ßil wu plä.

Bitte volltanken.	Le plein, s'il vous plaît. lö plẽ, ßil wu plä.
Bitte für ... Euro ...	Pour ... euro ..., s'il vous plaît. pur ... ö'ro ..., ßil wu plä.
– Benzin bleifrei.	– d'ordinaire sans plomb. dɔrdi'när ßã plõ.
– Super bleifrei.	– de super sans plomb. dö ßü'pär ßã plõ.
– Super verbleit.	– de super avec plomb. dö ßü'pär a'wäk plõ.
– Diesel.	– de gazole. dö ga'sɔl.

Panne

Ich habe kein Benzin mehr.	Je suis en panne sèche. schö ßüis‿ã pan ßäsch.
Ich habe eine *Reifenpanne / Motorpanne.*	J'ai *un pneu crevé / une panne de moteur.* schä *ẽ pnö krö'we / ün pan dö mɔ'tör.*
Können Sie mir Starthilfe geben?	Est-ce que vous pouvez m'aider à démarrer la voiture ? äß‿kö wu pu'we mä'de a dema're la woa'tür?
Könnten Sie ...	Est-ce que vous pourriez ... äß‿kö wu pu'rje ...
– mich ein Stück mitnehmen?	– m'emmener un bout de chemin ? mãm'ne ẽ bu d‿schö'mẽ?
– meinen Wagen abschleppen?	– remorquer ma voiture ? römɔr'ke ma woa'tür?
– mir einen Abschleppwagen schicken?	– m'envoyer la dépanneuse ? mãwoa'je la depa'nös?

Werkzeug und Flickzeug

Draht	le fil métallique lö fil meta'lik
Kabel	le câble lö 'kablö
Kreuzschlüssel	le clefen croix la kle ã kroa
Schmirgelpapier	le papier émeri lö pa'pje em'ri
Schraube	la vis la wiß
Schraubenschlüssel	la clef à écrous la kle a e'kru
Schraubenzieher	le tournevis lö turnö'wiß
Trichter	l'entonnoir *m* lãtɔ'noar
Wagenheber	le cric lö krik
Werkzeug	les outils *m/ pl* les‿u'ti
Zange	la pince la pẽß

Unfall

Rufen Sie bitte schnell …	Vite, appelez … wit, ap'le …
– einen Krankenwagen!	– une ambulance ! ün‿ãbü'lãß!
– die Polizei!	– la police ! la pɔ'liß!
– die Feuerwehr!	– les pompiers ! le põ'pje!
Es ist ein Unfall passiert!	Il y a eu un accident ! il‿ja ü ẽn‿akßi'dã!
… Personen sind (schwer) verletzt.	Il y a … blessés (graves). il‿ja … ble'ße (graw).
Bitte helfen Sie mir.	Aidez-moi, s'il vous plaît. äde'moa, ßil wu plä.
Ich brauche Verbandszeug.	J'ai besoin de pansements. schä bö'soẽ dö pãß'mã.
Es ist nicht meine Schuld.	Ce n'est pas de ma faute. ßö nä pa dö ma fot.
Ich hatte Vorfahrt.	J'avais la priorité. scha'wä la priori'te.

Ich möchte, dass wir die Polizei holen.
Je voudrais que l'on appelle la police. schö wu'drä kö lõn‿a'päl la pɔ'liß.

Sie sind zu dicht aufgefahren.
Vous m'avez collé. wu ma'we kɔ'le.

Sie sind zu schnell gefahren.
Vous avez roulé trop vite. wus‿a'we ru'le tro wit.

Bitte geben Sie mir Ihre Versicherung und Ihre Versicherungsnummer.
Donnez-moi le nom et le numéro de votre assurance, s'il vous plaît. dɔne'moa lö nõ e lö nüme'ro dö wɔtr‿aßü'rãß, ßil wu plä.

Bitte geben Sie mir Ihren Namen und Ihre Adresse.
Donnez-moi votre nom et votre adresse, s'il vous plaît. dɔne'moa 'wɔtrö nõ e wɔtr‿a'dräß, ßil wu plä.

Können Sie eine Zeugenaussage machen?
Vous pouvez servir de témoin ? wu pu'we ßär'wir dö te'moẽ?

In der Werkstatt

Wo ist die nächste Werkstatt?
Où est le garage le plus proche ? u ä lö ga'rasch lö plü prɔsch?

Mein Wagen steht *Richtung … / auf der Bundesstraße (Nummer …)*.
Ma voiture se trouve *en direction de … / sur la nationale (numéro …)*. ma woa'tür ßö truw *ã diräk'ßjõ dö … / ßür la naßjɔ'nal (nüme'ro …)*.

Können Sie ihn abschleppen?
Vous pouvez la remorquer ? wu pu'we la römɔr'ke?

Können Sie mal nachsehen?
Vous pourriez vérifier, s'il vous plaît ? wu pu'rje weri'fje, ßil wu plä?

Mein Auto springt nicht an.
Ma voiture ne démarre pas. ma woa'tür nö de'mar pa.

Die Bremse / Der Blinker funktioniert nicht.	*Le frein / Le clignotant* ne fonctionne pas. *lö frẽ / lö klinjɔ'tã* nö fõk'ßjɔn pa.
Die Batterie ist leer.	La batterie est vide. la bat'ri ä wid.
Kann ich mit dem Auto noch fahren?	Est-ce que je peux encore rouler avec la voiture ? äß‿kö schö pö ã'kɔr ru'le a'wäk la woa'tür?
Machen Sie nur die nötigsten Reparaturen.	Ne faites que les réparations strictement nécessaires. nö fät kö le repara'ßjõ ßtriktö'mã neße'ßär.
Wie viel wird die Reparatur ungefähr kosten?	Combien va coûter la réparation, à peu près ? kõ'bjẽ wa ku'te la repara'ßjõ, a pö prä?
Wann ist es fertig?	Elle sera prête quand ? äl ßö'ra prät kã?
Nehmen Sie Schecks vom ...-Schutzbrief?	Vous acceptez les chèques de mon assurance multirisque ... ? wus‿akßäp'te le schäk dö mõn‿aßü'räß mülti'rißk ...?

Auto, Motorrad: weitere Wörter

Abschleppseil	le câble de remorquage lö 'kablö dö römɔr'kasch
Achse	l'essieu *m* lä'ßjö
Anlasser	le démarreur lö dema'rör
Auffahrunfall	le télescopage lö teleßkɔ'pasch
Auspuff	le pot d'échappement lö po deschap'mã
auswechseln	changer schã'sche
Autobahnauffahrt	la voie d'accès à l'autoroute la woa da'kßä a loto'rut

Autoschlüssel	la clé de la voiture la kle dö la woa'tür
Bremsflüssigkeit	le liquide des freins lö li'kid de frẽ
Bremslicht	le feu de stop lö fö dö ßtɔp
Dichtung	le joint lö schoẽ
Ersatzteil	la pièce de rechange la pjäß dö rö'schãsch
fahren	rouler ru'le
Feuerlöscher	l'extincteur *m* läkßtẽk'tör
Frostschutzmittel	l'antigel *m* lãti'schäl
Führerschein	le permis de conduire lö pär'mi dö kõ'düir
Gang	la vitesse la wi'täß
Getriebe	la boîte de vitesses la boat dö wi'täß
Handbremse	le frein à main lö frẽ a mẽ
Heizung	le chauffage lö scho'fasch
Helm	le casque lö kaßk
Hupe	le klaxon lö kla'kßõ
(Benzin)kanister	le jerricane lö scheri'kan
kaputt	cassé ka'ße
Katalysator	le pot catalytique lö po katali'tik
Keilriemen	la courroie la ku'roa
Kfz-Schein	la carte grise la kart gris
Kindersitz	le siège pour enfant lö ßjäsch pur ã'fã
Klimaanlage	la climatisation la klimatisa'ßjõ
Kotflügel	l'aile *f* läl
Kühler	le radiateur lö radja'tör
Kühlwasser	le liquide de refroidissement lö li'kid dö röfroadiß'mã
Kupplung	l'embrayage *m* lãbrä'jasch
Kurve	le virage lö wi'rasch
Lack	la laque la lak
Landstraße	la route départementale la rut departömã'tal
Lenkung	la direction la diräk'ßjõ

Licht	le feu lö fö
Lichtmaschine	la dynamo la dina'mo
Luftfilter	le filtre à air lö filtr‿a är
Maut(stelle)	le péage lö pe'asch
Motoröl	l'huile *f* moteur lüil mɔ'tör
parken	se garer ßö ga're
Parkhaus	le parking couvert lö par'king ku'wär
Parkplatz	le parking lö par'king
Parkscheibe	le disque horaire lö dißk‿ɔ'rär
Parkuhr	le parcmètre lö park'mätrö
Parkverbot	l'interdiction *f* de stationner lẽtärdik'ßjõ dö ßtaßjɔ'ne
Rad	la roue la ru
Raststätte	le relais routier lö rö'lä ru'tje
Reifen	le pneu lö pnö
Reifendruck	la pression des pneus la prä'ßjõ dä pnö
reparieren	réparer repa're
Reservereifen	la roue de secours la ru dßö'kur
Rücklicht	les feux *m/ pl* arrière le fö a'rjär
Rückspiegel	le rétroviseur lö retrowi'sör
Schalter	le bouton lö bu'tõ
Scheibenwischer	l'essuie-glace *m* leßüi'glaß
Scheibenwischerblätter	les balais *m/ pl* d'essuie-glace le ba'lä dä'ßüi glaß
Scheinwerfer	le phare lö far
Schiebedach	le toit ouvrant lö toa u'wrã
Schneeketten	les chaînes *f/ pl* à neige le schän a näsch
Schutzbrief	le contrat multirisque de garantie automobile lö kõ'tra mülti'rißk dö garã'ti otomo'bil
Sicherheitsgurt	la ceinture de sécurité la ßẽ'tür dö ßeküri'te
Sicherung	le fusible lö fü'siblö

Spiegel	le miroir lö mi'roar
Starter	le démarreur lö dema'rör
Starthilfekabel	les câbles de démarrage le 'kablö dö dema'rasch
Stoßdämpfer	l'amortisseur *m* lamɔrti'ßör
Stoßstange	le pare-chocs lö par'schɔk
Tachometer	le compteur de vitesse lö kõ'tör dö wi'täß
Unfallprotokoll	le constat à l'amiable lö kõß'ta a la'mjablö
Ventil	la valve la 'walwö
Verbandskasten	la boîte de premiers secours la boat dö prö'mje ßö'kur
Vergaser	le carburateur lö karbüra'tör
Versicherungskarte, grüne	la carte verte la kart 'wärtö
Warndreieck	le triangle de signalisation lö tri'ãglö dö ßinjalisa'ßjõ
Zündkerze	la bougie la bu'schi
Zündung	l'allumage *m* lalü'masch
Zusammenstoß	le tamponnement lö tãpɔn'mã

Öffentlicher Nahverkehr

Wo ist …	Où est … u ä …
– die nächste U-Bahn-Station?	– la station de métro la plus proche ? la ßta'ßjõ dö me'tro la plü prɔsch?
– die nächste Bushaltestelle?	– l'arrêt de bus le plus proche ? la'rä dö büß lö plü prɔsch?
– die nächste Straßenbahnhaltestelle?	– l'arrêt de tramway le plus proche ? la'rä dö tra'muä lö plü prɔsch?

Wo hält *der Bus / die Straßenbahn* nach ...?	**Où se trouve l'arrêt du *bus / tramway* pour ...?** u ßö truw la'rä dü *büß / tra'muä* pur ...?
Welcher Bus / Welche U-Bahn fährt nach ...?	***Quel bus / quel métro* va à ...?** *käl büß / käl me'tro* wa a ...?
Le bus numéro ...	Der Bus Nummer ...
La ligne de métro numéro ...	Die U-Bahn-Linie Nummer ...
Wann fährt *der nächste Bus / die nächste Straßenbahn* nach ...?	**A quelle heure part *le prochain bus / le prochain tramway* pour ...?** a käl‿ör par *lö prɔ'schẽ büß / lö pro'schẽ tra'muä* pur ...?
Fährt dieser Bus nach ...?	**Est-ce que ce bus va à ...?** äß‿kö ßö büß wa a ...?
Muss ich nach ... umsteigen?	**Pour ..., est-ce que je dois changer?** pur ..., äß‿kö schö doa schã'sche?
Sagen Sie mir bitte, wo ich *aussteigen / umsteigen* muss?	**Pouvez-vous me dire où je dois *descendre / changer*?** puwe'wu mö dir u schö doa *de'ßãdrö / schã'sche*?
Wo gibt es die Fahrscheine?	**Où est-ce qu'on peut acheter les tickets?** u äß‿kõ pö asch'te le ti'kä?
Bitte einen Fahrschein nach ...	**Un ticket pour ..., s'il vous plaît.** ẽ ti'kä pur ..., ßil wu plä.
Gibt es ...	**Il y a ...** il‿ja ...
– Tageskarten?	**– des tickets pour la journée?** de ti'kä pur la schur'ne?
– Mehrfahrtenkarten?	**– des carnets?** de kar'nä?
– Wochenkarten?	**– des cartes hebdomadaires?** de kart äbdɔma'där?

Taxi

Wo bekomme ich ein Taxi?	**Où est-ce que je peux avoir un taxi ?** u äß‿kö schö pö a'woar‿ẽ ta'kßi?
Könnten Sie mir für (morgen um) … Uhr ein Taxi bestellen?	**Vous pourriez m'appeler un taxi pour (demain à) … heures ?** wu pu'rje map'le ẽ ta'kßi pur (dö'mẽ a) … ör?
Bitte …	**…, s'il vous plaît.** …, ßil wu plä.
– zum Bahnhof!	**– A la gare** a la gar
– zum Flughafen!	**– A l'aéroport** a laerɔ'pɔr
– zum Hotel …!	**– A l'hôtel …** a lo'täl …
– in die Innenstadt!	**– Au centre ville** o 'ßãtrö wil
– in die … Straße!	**– Rue …** rü …
Wie viel kostet es nach …?	**Combien ce sera pour aller à … ?** kõ'bjẽ ßö ßö'ra pur a'le a …?
Man hat mir (im Hotel) gesagt, dass es nur … Euro kostet.	**On m'a dit (à l'hôtel) que ça ne coûte que … euros.** õ ma di (a lo'täl) kö ßa nö kut kö … ö'ro.
Bitte schalten Sie den Taxameter *ein / auf null*.	**Mettez votre compteur *en marche / sur zéro*, s'il vous plaît.** mä'te 'wɔtrö kõ'tör *ã marsch / ßür se'ro*, ßil wu plä.
Warten / Halten Sie hier bitte (einen Augenblick)!	***Attendez / Arrêtez-vous* (un instant) ici, s'il vous plaît !** *atã'de / aräte'wu* (ẽn‿ẽß'tã) i'ßi, ßil wu plä!
Das Wechselgeld ist für Sie!	**Gardez la monnaie !** gar'de la mɔ'nä!

Bus, Bahn, Taxi: weitere Wörter

Abfahrt	**le départ** lö de'par
Busbahnhof	**la gare routière** la gar ru'tjär
Endstation	**le terminus** lö tärmi'nüß
Entwerter	**le composteur** lö kõpɔß'tör
Fahrer	**le chauffeur** lö scho'för
Fahrkarte	**le ticket** lö ti'kä
Fahrkartenautomat	**le distributeur automatique de tickets** lö dißtribü'tör ɔtɔma'tik dö ti'kä
Fahrplan	**l'horaire** *m* lɔ'rär
Fahrpreis	**le prix du ticket** lö pri dü ti'kä
halten	**s'arrêter** ßarä'te
Haltestelle	**l'arrêt** *m* la'rä
Richtung	**la direction** la diräk'ßjõ
S-Bahn	**le RER** lö ärö'är
Schaffner	**le contrôleur** lö kõtro'lör
Stadtzentrum	**le centre-ville** lö 'ßãtrö wil
Taxistand	**la station de taxis** la ßta'ßjõ dö ta'kßi

Per Anhalter

Fahren Sie nach …?
Est-ce que vous allez à … ? äß‿kö wus‿a'le a …?

Können Sie mich (ein Stück) mitnehmen?
Vous pouvez m'emmener (un bout de chemin) ? wu pu'we mãm'ne (ẽ bu d‿schö'mẽ)?

Bitte lassen Sie mich hier aussteigen.
Laissez-moi descendre ici, s'il vous plaît. läße'moa de'ßãdr i'ßi, ßil wu plä.

Vielen Dank fürs Mitnehmen.
Merci beaucoup de m'avoir emmené. mär'ßi bo'ku dö ma'woar ãm'ne.

Reisen mit Kindern

Haben Sie ein Kindermenü?
Avez-vous un menu enfants ?

Wo ist hier ein Wickelraum?
Où se trouve l'espace bébé ?

Häufige Fragen

Gibt es eine Ermäßigung für Kinder?	Vous faites une réduction pour les enfants ? wu fät ün redük'ßjõ pur les‿ã'fã?
Bis/*Ab* wie viel Jahren?	*Jusqu'à*/*A partir de* quel âge ? *schüßka*/*a par'tir dö* käl asch?
Bitte *Eintrittskarten*/*Fahrkarten* für zwei Erwachsene und zwei Kinder.	Deux *entrées*/*billets* pour adultes et deux pour enfants, s'il vous plaît. dö *s‿ã'tre*/*bi'je* pur a'dült e dö pur ã'fã, ßil wu plä.
Gibt es hier einen Kinderspielplatz?	Il y a un terrain de jeu pour enfants ici ? il‿ja ẽ te'rẽ dö schö pur ã'fã i'ßi?
Wie alt ist Ihr Kind?	Votre enfant a quel âge ? wɔtr‿ã'fã a käl asch?
Meine Tochter/*Mein Sohn* ist ... Jahre alt.	*Ma fille*/*Mon fils* a ... ans. *ma fij*/*mõ fiß* a ... ã.
Wo ist hier ein Wickelraum?	Où se trouve l'espace bébé ? u ßö truw läß'paß be'be?
Wo können wir ... kaufen?	Où peut-on acheter ... u pöt‿õ asch'te ...
– Babynahrung	– de l'alimentation pour bébés ? dö lalimãta'ßjõ pur be'be?
– Kinderkleidung	– des vêtements pour enfants ? de wät'mã pur ã'fã?
– Windeln	– des couches ? de kusch?
Haben Sie spezielle Angebote für Kinder?	Avez-vous des promotions spéciales pour les enfants ? awe'wu de prɔmo'ßjõ ßpe'ßjal pur les‿ã'fã?

Haben Sie *ein kleines Mädchen / einen kleinen Jungen* gesehen? — Avez-vous vu *une petite fille / un petit garçon* ? awe'wu wü *ün pö'tit fij / ẽ pö'ti gar'ßõ?*

In Verkehrsmitteln

Gibt es ein Kinderabteil? — Il y a un compartiment pour enfants ? il‿ja ẽ kõparti'mã pur ã'fã?

Haben Sie für den Leihwagen auch einen Kinderautositz? — Avez-vous aussi un siège pour enfants dans la voiture de location ? awe'wu o'ßi ẽ ßjäsch pur ã'fã dã la woa'tür dö lɔka'ßjõ?

Kann ich einen Kinderfahrradsitz ausleihen? — Je peux louer un siège à vélo pour enfants ? schö pö lu'e ẽ ßjäsch‿a we'lo pur ã'fã?

Bis zu welchem Alter fahren Kinder umsonst? — Jusqu'à quel âge le trajet est-il gratuit pour les enfants ? schüßka käl asch lö tra'schä ät‿il gra'tüi pur les‿ã'fã?

Im Hotel

Könnten Sie ein Kinderbett aufstellen? — Pourriez-vous installer un lit d'enfant ? purje'wu ẽßta'le ẽ li dã'fã?

Gibt es eine Kinderbetreuung? — Peut-on faire garder les enfants ? pö'tõ fär gar'de les‿ã'fã?

Haben Sie ein Unterhaltungsprogramm für Kinder? — Avez-vous un programme d'activités pour les enfants ? awe'wu ẽ pro'gram daktiwi'te pur les‿ã'fã?

Im Restaurant

Haben Sie einen Hochstuhl? — **Avez-vous une chaise haute pour enfants ?** awe'wu ün schäs ot pur ã'fã?

Könnten Sie bitte das Fläschchen aufwärmen? — **Pourriez-vous réchauffer le biberon, s'il vous plaît ?** purje'wu rescho'fe lö bib'rõ, ßil wu plä?

Haben Sie ein Kindermenü? — **Avez-vous un menu enfant ?** awe'wu ẽ mö'nü ã'fã?

Können wir für die Kinder eine halbe Portion bekommen? — **Pouvons-nous avoir une demie-portion pour les enfants ?** puwõ'nu a'woar‿ün dö'mi pɔr'ßjõ pur les‿ã'fã?

Können wir bitte *ein Extra-Gedeck / einen kleinen Löffel* für unser Kind bekommen? — **Pouvons-nous avoir *un couvert supplémentaire / une petite cuillère* pour notre enfant, s'il vous plaît ?** puwõ'nu a'woar *ẽ ku'wär ßüplemã'tär / ün pö'tit küi'jär* pur nɔtr‿ã'fã, ßil wu plä?

Vergnügungen

Ist es für Kinder gefährlich? — **C'est dangereux pour les enfants ?** ßä dãsch'rö pur les‿ã'fã?

Gibt es *Schwimmunterricht / eine Skischule* für Kinder? — **Il y a des cours de *natation / ski* pour enfants ?** il‿ja de kur dö *nata'ßjõ / ßki* pur ã'fã?

Gibt es auch ein Kinderbecken? — **Il y a aussi un bassin pour enfants ?** il‿ja o'ßi ẽ ba'ßẽ pur ã'fã?

Kinderbetreuung

Können Sie uns einen verlässlichen Babysitter empfehlen?

Pouvez-vous nous recommander une babysitter sérieuse? puwe'wu nu rökɔmã'de ün bebißi'tör ße'rjös?

Ab wie viel Jahren gibt es eine Kinderbetreuung?

A partir de quel âge il y a une prise en charge des enfants? a par'tir dö käl asch il‿ja ün pris‿ã scharsch des‿ã'fã?

Gesundheit

Können Sie mir *einen Kinderarzt / ein Kinderkrankenhaus* empfehlen?

Pouvez-vous me recommander *un pédiatre / un hôpital pour enfants*? puwe'wu mö rökɔmã'de *ẽ pe'djatrö / ẽn‿ɔpi'tal pur ã'fã*?

Mein Kind ist allergisch gegen Milchprodukte.

Mon enfant est allergique aux produits laitiers. mõn‿ã'fã ät‿alär'schik o prɔ'düi lä'tje.

► *Krankheiten und Beschwerden,* Seite 171

Reisen mit Kindern: weitere Wörter

Allergie	l'allergie *f* lalär'schi
Ausschlag	l'eczéma *m* lägse'ma
Babyfläschchen	le biberon lö bib'rõ
Babyfon	l'interphone *m* de surveillance pour bébés lẽtär'fɔn dö ßürwä'jãß pur be'be
Babypuder	le talc lö talk
Fläschchenwärmer	le chauffe-biberon lö schof bib'rõ
Impfpass	le carnet de vaccinations lö kar'nä dö wakßina'ßjõ
Insektenstich	la piqûre d'insecte la pi'kür dẽ'ßäktö
Kindersicherheitsgurt	la ceinture de sécurité pour enfants la ßẽ'tür dö ßeküri'te pur ã'fã
Kinderteller	l'assiette *f* pour enfants la'ßjät pur ã'fã
Kinderwagen	la poussette la pu'ßät
Kinderzuschlag	le supplément pour enfants lö ßüple'mã pur ã'fã
Laufstall	le parc lö park
Mückenschutz	la protection contre les moustiques la prɔtäk'ßjõ 'kõtrö le muß'tik
Sauger	la tétine la te'tin
Schirmmütze	la casquette à visière la kaß'kät‿a wi'sjär
Schnuller	la sucette la ßü'ßät
Schwimmflügel	le brassard lö bra'ßar
Spielplatz	le terrain de jeux lö te'rẽ dö schö
Spielzeug	le jouet lö schu'ä
Wickelkommode	la table à langer la tabl‿a lã'sche

Behinderte

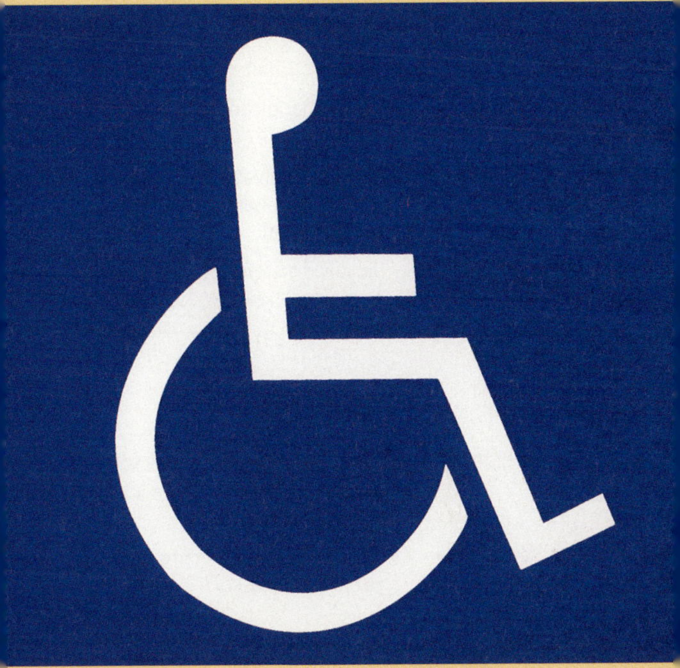

Könnten Sie mir die Tür öffnen?
Vous pourriez m'ouvrir la porte ?

Wo ist der nächste Aufzug?
Où est l'ascenseur le plus proche ?

Um Hilfe bitten

Können Sie mir bitte helfen?	Pouvez-vous m'aider, s'il vous plaît ? puwe'wu mä'de, ßil wu plä?
Ich bin gehbehindert.	Je suis une personne à mobilité réduite. schö ßüis‿ün pär'ßɔn‿a mɔbili'te re'düit.
Ich bin körperbehindert.	Je suis handicapé physique. schö ßüis‿ãdika'pe fi'sik.
Ich bin sehbehindert.	Je suis ♂ malvoyant / ♀ malvoyante. schö ßüi ♂ malwoa'jã / ♀ malwoa'jãt.
Ich bin *hörgeschädigt* / *taub*.	Je suis ♂ *malentendant* / ♀ *malentendante* / ♂ *sourd* / ♀ *sourde*. schö ßüi ♂ *malãtã'dã* / ♀ *malãtã'dãt* / ♂ *ßur* / ♀ *ßurd*.
Ich höre schlecht.	Je n'entends pas bien. schö nã'tã pa bjẽ.
Können Sie bitte lauter reden?	Vous pourriez parler plus fort, s'il vous plaît ? wu pu'rje par'le plü fɔr, ßil wu plä?
Können Sie das bitte aufschreiben?	Vous pouvez me l'écrire ? wu pu'we mö le'krir?

Unterwegs

Ist es für Rollstuhlfahrer geeignet?	Est-ce que c'est aménagé pour recevoir les handicapés en fauteuil roulant ? äß‿kö ßät‿amena'sche pur rößö'woar les‿ãdika'pe ã fo'töj ru'lã?

Gibt es eine Rampe für Rollstuhlfahrer? **Il y a une rampe pour les fauteuils roulants ?** il‿ja ün rãp pur le fo'töj ru'lã?

Gibt es hier eine Behindertentoilette? **Il y a des toilettes pour handicapés ici ?** il‿ja de toa'lät pur ãdika'pe i'ßi?

Kann ich meinen (zusammenklappbaren) Rollstuhl mitnehmen? **Est-ce que je peux emmener mon fauteuil roulant (pliable) ?** äß‿kö schö pö ãm'ne mõ fo'töj ru'lã (pli'jablö)?

Könnten Sie mir bitte beim *Einsteigen / Aussteigen* helfen? **Vous pourriez m'aider *à descendre / à sortir*, s'il vous plaît ?** wu pu'rje mä'de *a de'ßãdrö / a ßɔr'tir*, ßil wu plä?

Könnten Sie mir bitte die Tür *öffnen / aufhalten*? **Vous pourriez *m'ouvrir la porte / me tenir la porte ouverte*, s'il vous plaît.** wu pu'rje *mu'wrir la pɔrt / mö tö'nir la pɔrt u'wärt*, ßil wu plä?

Haben Sie einen Platz, wo ich meine Beine ausstrecken kann? **Avez-vous une place où je pourrais allonger les jambes ?** awe'wu ün plaß u schö pu'rä alõ'sche le schãb?

Im Hotel

Hat das Hotel behindertengerechte Einrichtungen? **L'hôtel est équipé pour recevoir les handicapés ?** lo'täl ät‿eki'pe pur rößö'woar les‿ãdika'pe?

Gibt es einen *ebenerdigen / stufenlosen* Eingang? **Il y a une entrée *au niveau du sol / sans marches* ?** il‿ja ün‿ã'tre *o ni'wo dü ßɔl / ßã marsch*?

Haben Sie einen Rollstuhl für mich? **Avez-vous un fauteuil roulant pour moi ?** awe'wu ẽ fo'töj ru'lã pur moa?

Können Sie mir das Gepäck *aufs Zimmer / zum Taxi* tragen?

Pouvez-vous transporter mes bagages *dans ma chambre / jusqu'au taxi*? puwe'wu trãßpɔr'te me ba'gasch *dã ma 'schãbrö / schüßko ta'kßi*?

Wo ist der nächste Fahrstuhl?

Où est l'ascenseur le plus proche ? u ä laßã'ßör lö plü prɔsch?

Könnten Sie für mich den Knopf drücken?

Pourriez-vous appuyer sur le bouton pour moi ? purje'wu apüi'je ßür lö bu'tõ pur moa?

Behinderte: weitere Wörter

Begleitperson — **l'accompagnateur *m* / l'accompagnatrice *f*** lakõpanja'tör/ lakõpanja'triß

behindertengerecht — **(aménagé) pour les handicapés** (amena'sche) pur les‿ãdika'pe

Blindenhund — **le chien d'aveugle** lö schjẽ da'wöglö

ebenerdig — **au niveau du sol** o ni'wo dü ßɔl

Fahrstuhl — **l'ascenseur** laßã'ßör

gehbehindert — **à mobilité réduite** a mobili'te re'düit

Gehwagen — **le déambulateur** lö deãbüla'tör

Hebebühne — **la plate-forme élévatrice** la plat'fɔrm‿elewa'triß

Hörgerät — **l'appareil auditif** lapa'räj odi'tif

Inkontinenzartikel — **les produits d'incontinence** le prɔ'düi dẽkõti'nãß

Krücke — **la béquille** la be'kij

Rollstuhl — **le fauteuil roulant** lö fo'töj ru'lã

Rolltreppe — **escalier roulant** eßka'lje ru'lã

stufenlos — **sans marches** ßã marsch

Taststock — **la canne pour nonvoyants** la kan pur nõwoa'jã

Kommuni-kation

Wie ist die Vorwahl von ...?
Quel est l'indicatif de ... ?

Wo gibt es hier ein Internet-Café?
Où y a-t-il un cybercafé ici ?

Telefon

Wo kann ich hier telefonieren?	**Où est-ce que je peux téléphoner ici ?** u äß‿kö schö pö telefɔ'ne i'ßi?

info Wenn Sie von Frankreich aus telefonieren möchten, empfiehlt sich der Kauf einer **télécarte** *(Telefonkarte)*, da die meisten öffentlichen Fernsprecher *Kartentelefone* sind (**téléphones à cartes**). **Télécartes** (auch aufladbare Karten für Mobiltelefone, Prepaid-Karten etc.) können Sie bei Postämtern, an Zeitungskiosken und **bureaux de tabac** *(Zigarettenläden)* mit der Aufschrift **«Ici, vente de télécartes»** bekommen. In Frankreich gibt es Telefonkarten zu 25, 50 oder 120 *Einheiten* (**unités**).

Ich hätte gern eine Telefonkarte (zu … Einheiten).	**Je voudrais une télécarte (à … unités).** schö wu'drä ün tele'kart (a … üni'te).
Entschuldigung, ich brauche Münzen zum Telefonieren.	**Excusez-moi, il me faudrait des pièces pour téléphoner.** äkßküse'moa, il mö fo'drä de pjäß pur telefɔ'ne.
Wie ist die Vorwahl von …?	**Quel est l'indicatif de … ?** käl ä lẽdika'tif dö …?
Hallo? Hier ist …	**Allô ? Je suis …** a'lo? schö ßüi …
Ich möchte … sprechen.	**Je voudrais parler à …** schö wu'drä par'le a …
À l'appareil.	Am Apparat.
… n'est malheureusement pas là.	… ist leider nicht da.

Pourrais-je transmettre quelque chose ?	Kann ich etwas ausrichten?
Ne quittez pas.	Ich verbinde.
… est en ligne en ce moment.	… spricht gerade.
Restez en ligne, s'il vous plaît.	Bitte bleiben Sie am Apparat.

info Wenn Sie nach Deutschland telefonieren möchten: Sie wählen die Vorwahl 0049 (für Deutschland), dann die Ortsvorwahl ohne 0 und die gewünschte Rufnummer. Für Österreich lautet die Vorwahl 0043, für die Schweiz wählen Sie die 0041.

Was kostet ein 3-minütiges Gespräch nach Deutschland?	Combien coûte une communication de trois minutes avec l'Allemagne ? kõ'bjẽ kut ün kɔmünika'ßjõ dö troa mi'nüt a'wäk lal'manj?
Bitte ein Ferngespräch nach Deutschland.	Je voudrais appeler l'Allemagne, s'il vous plaît. schö wu'drä ap'le lal'manj, ßil wu plä.
Bitte ein R-Gespräch.	Je voudrais faire un appel en PCV. schö wu'drä fär ẽn‿a'päl ã peße'we.
Prenez la cabine …	Gehen Sie in Kabine …
La ligne est occupée.	Die Leitung ist besetzt.
Ça ne répond pas.	Es meldet sich niemand.
Ab wie viel Uhr gilt der Nachttarif?	Le tarif de nuit est valable à partir de quelle heure ? lö ta'rif dö nüi ä wa'labl‿a par'tir dö käl‿ör?

Internet-Café

Wo gibt es hier ein Internet-Café?	**Où y a-t-il un cybercafé ici ?** u ja_til ẽ ßibärka'fe i'ßi?
Ich möchte eine E-Mail senden.	**Je voudrais envoyer un courriel.** schö wu'drä ãwoa'je ẽ kur'jäl.
Welchen Computer kann ich benutzen?	**Quel ordinateur est-ce que je peux utiliser ?** käl ɔrdina'tör äß_kö schö pö ütili'se?
Was kostet das für eine Viertelstunde?	**Combien ça coûte pour un quart d'heure ?** kõ'bjẽ ßa kut pur ẽ kar dör?
Könnten Sie mir helfen?	**Pourriez-vous m'aider ?** purje'wu mä'de?

E-Mail

annuler	Abmelden
boîte *f* de réception	Posteingang
brouillons *m/ pl*	Entwürfe
écrire	Neue Mail (verfassen)
envoyer	Senden
faire suivre	Weiterleiten
imprimer	Drucken
messages *m/ pl* envoyés	Versendete Mails
nouveau message *m*	Neue Nachrichten
répondre à tous	Antwort an alle
la réponse	Antwort
retour	Zurück
sauvegarder	Speichern
supprimer	Löschen

Essen und Trinken

Die Karte bitte.
La carte, s'il vous plaît.

Haben Sie auch offenen Wein?
Avez-vous aussi du vin en carafe ?

Reservieren und Platz nehmen

Wo gibt es hier in der Nähe …	**Où y a-t-il ici** … u ja‿til i'ßi …
– ein Café?	**– un salon de thé ?** ẽ ßa'lõ dö te?
– eine Kneipe?	**– un bistrot ?** ẽ biß'tro?
– ein preiswertes Restaurant?	**– un restaurant pas trop cher ?** ẽ räßto'rã pa tro schär?
– ein typisches Restaurant?	**– un restaurant typique ?** ã räßto'rã ti'pik?
Einen Tisch für … Personen bitte.	**Une table pour … personnes, s'il vous plaît.** ün 'tablö pur … pär'ßɔn, ßil wu plä.
Ich möchte einen Tisch für *zwei / sechs* Personen um … Uhr reservieren.	**Je voudrais réserver une table pour *deux / six* personnes pour … heures.** schö wu'drä resär'we ün 'tablö pur *dö / ßi* pär'ßɔn pur … ör.
Wir haben einen Tisch für … Personen reserviert (auf den Namen …).	**Nous avons réservé une table pour … personnes (au nom de …).** nus‿a'wõ resär'we ün 'tablö pur … pär'ßɔn (o nõ dö …).
Ist dieser *Tisch / Platz* noch frei?	**Est-ce que cette *table / place* est libre ?** äß‿kö ßät *'tablö / plaß* ä 'librö?
Entschuldigung, wo sind hier die Toiletten?	**Pardon, où sont les toilettes, ici ?** par'dõ, u ßõ le toa'lät, i'ßi?

► für die Antwort: *Orts- und Richtungsangaben,* Seite 39

En zone fumeurs ou non-fumeurs ?	Raucher- oder Nichtraucherzone?

Speisekarte

Petit déjeuner

Frühstückskarte

café *m* ka'fe	Kaffee
café *m* au lait ka'fe o lä	Milchkaffee
café *m* crème ka'fe kräm	Kaffee mit aufgeschäumter Milch
chocolat *m* chaud schoko'la scho	heiße Schokolade
thé *m* te	Tee
thé *m* au citron te o ßi'trõ	Tee mit Zitrone
croissant *m* kroa'ßã	Croissant
œuf *m*, / *pl:* œufs öf, ö	Ei
œuf *m* à la coque öf a la kɔk	weich gekochtes Ei
œuf *m* brouillé öf bru'je	Rührei
œuf *m* dur öf dür	hart gekochtes Ei

Menu

Speisekarte

Potages et soupes

Suppen

bouillabaisse *f* buja'bäß	südfranzösische Fischsuppe
consommé *m* kõßɔ'me	Kraftbrühe
soupe *f* **à l'oignon gratinée** ßup‿a lɔ'njõ grati'ne	Zwiebelsuppe mit Croûtons und Käse überbacken
soupe *f* **de poisson** ßup dö poa'ßõ	Fischsuppe

Hors-d'œuvre

Kalte Vorspeisen

aspic *m* **d'anguille** aß'pik dã'gij	Aal in Aspik
avocat *m* **vinaigrette** awɔ'ka winä'grät	Avocado mit Sauce Vinaigrette
bouchée *f* **à la reine** bu'sche a la rän	Königinpastete
charcuterie *f* scharküt'ri	Aufschnittplatte
cœurs *m/ pl* **d'artichauts** kör darti'scho	Artischockenherzen
crevettes *f/ pl* krö'wät	Garnelen
crudités *f/ pl* **(variées)** krüdi'te (wa'rje)	Rohkostteller

foie *m* gras foa gra	Gänseleberpastete
huîtres *f/ pl* 'üiträ	Austern
jambon *m* blanc schã'bõ blã	gekochter Schinken
jambon *m* cru schã'bõ krü	roher Schinken
jambon *m* fumé schã'bõ fü'me	geräucherter Schinken
melon *m* mö'lõ	Melone
paté *m* pa'te	Fleischpastete
pâté *m* de foie gras en croûte pa'te dö foa gra ã krut	Gänseleberpastete im Brotteig
pâté *m* de foie haché fin pa'te dö foa a'sche fẽ	feine Leberwurst
pissenlits *m/ pl* au lard pißã'li o lar	Löwenzahnsalat mit Speck
quiche *f* lorraine kisch lɔ'rän	Lothringer Speckkuchen
rillettes *f/ pl* ri'jät	Schweinefleischpastete im eigenen Fett
salade *f* de concombres ßa'lad dö kõ'kõbrö	Gurkensalat
salade *f* de tomates ßa'lad dö tɔ'mat	Tomatensalat
salade *f* mixte ßa'lad mikßt	gemischter Salat
salade *f* niçoise ßa'lad ni'ßoas	grüner Salat mit Tomaten, Ei, Sardellen und Oliven
saucisson *m* de campagne ßoßi'ßõ dö kã'panj	grobe Leberwurst
saumon *m* fumé ßo'mõ fü'me	Räucherlachs
terrine *f* de canard tä'rin dö ka'nar	Entenpastete
terrine *f* du chef tä'rin dü schäf	Pastete nach Art des Hauses

Entrées

Warme Vorspeisen/Snacks

crêpes *f/ pl* kräp	dünne Pfannkuchen
croque-monsieur *m* krɔkmö'ßjõ	Schinken-Käse-Toast
escargots *m/ pl* äßkar'go	Weinbergschnecken
omelette *f* ɔm'lät	Omelette
omelette *f* au lard ɔm'lät‿o lar	Omelette mit Speck
omelette *f* nature ɔm'lät na'tür	Omelette natur
tarte *f* à l'oignon tart‿a lɔ'njõ	Zwiebelkuchen

Viandes

Fleischgerichte

agneau *m* a'njo	Lamm
bifteck *m* bif'täk	Steak
bœuf *m* böf	Rindfleisch
bœuf *m* bourguignon böf burgi'njõ	Rindergulasch in Rotwein
bœuf *m* mode böf mɔd	Schmorbraten
boudin *m* noir bu'dẽ noar	Blutwurst
cassoulet *m* kaßu'lä	Eintopf aus weißen Bohnen, Gänse- und anderem Fleisch
côte *f* kot	Rippchen, Kotelett
escalope *f* panée äßka'lɔp pa'ne	Wiener Schnitzel
filet *m* de bœuf fi'lä dö böf	Rinderfilet

gigot *m* **d'agneau** schi'go da'njo	Lammkeule
grillade *f* gri'jad	Grillteller
jarret *m* **de veau** scha'rä dö wo	Kalbshaxe
lièvre *m* 'ljäwrö	Hase
mouton *m* mu'tõ	Hammelfleisch
paupiette *f* **(de veau)** po'pjät (dö wo)	Kalbsroulade
pieds *m/ pl* **de cochon** pje dö kɔ'schõ	Schweinsfüße
porc *m* pɔr	Schweinefleisch
quenelles *f/ pl* kö'näl	Fleisch- oder Fischklößchen
ris *m* **de veau** ri dö wo	Kalbsbries
rôti *m* ro'ti	Braten
sauté *m* **de veau** ßo'te dö wo	Kalbsragout
selle *f* **d'agneau** ßäl da'njo	Lammrücken
steak *m* **au poivre** ßtäk o 'poawrö	Pfeffersteak
steak *m* **haché** ßtäk‿a'sche	Hackbraten
tournedos *m* turnö'do	Filetsteak
veau *m* wo	Kalbfleisch

Gibier

Wild

cerf *m* ßär	Hirsch
civet *m* **de marcassin** ßi'wä dö marka'ßẽ	junges Wildschwein in Weinsoße
médaillons *m/ pl* **de chevreuil** meda'jõ dö schö'wröj	Rehmedaillons
sanglier *m* ßãgli'je	Wildschwein

Volaille

Geflügel

blanc *m* **de poulet** blã dö pu'lä	Hühnerbrust
canard *m* **à l'orange** ka'nar‿a lɔ'rãsch	Ente mit Orange
confit *m* **de canard** kõ'fi dö ka'nar	im eigenen Fett eingelegte Entenstücke
coq *m* **au vin** kɔk‿o wẽ	Hähnchen in Rot- oder Weißweinsoße
pintade *f* pẽ'tad	Perlhuhn
poulet *m* **rôti** pu'lä ro'ti	Brathähnchen

Poissons

Fisch

anguille *f* ã'gij	Aal
brandade *f* brã'dad	gekochter und pürierter Stockfisch mit Sahne, Olivenöl und Knoblauch angemacht
brochet *m* brɔ'schä	Hecht
cabillaud *m* kabi'jo	Kabeljau
calmars *m/ pl* **frits** kal'mar fri	gebackene Tintenfischringe
carpe *f* karp	Karpfen
colin *m* ko'lẽ	Seehecht
églefin *m* eglö'fẽ	Schellfisch
friture *f* fri'tür	in Öl oder Fett ausgebackene Fische

hareng *m* **saur** a'rã ßɔr	Bückling
lotte *f* lɔt	Seeteufel
morue *f* mɔ'rü	Stockfisch
rouget *m* ru'schä	Rotbarbe
saumon *m* ßo'mõ	Lachs
sole *f* ßɔl	Seezunge
thon *m* tõ	Thunfisch
truite *f* **au bleu** trüit‿o blö	Forelle blau
truite *f* **aux amandes et au beurre noir** trüit os‿a'mãd e o bör noar	Forelle mit Mandeln und brauner Butter
truite *f* **meunière** trüit mö'njär	Forelle Müllerin
turbot *m* tür'bo	Steinbutt

Coquillages et crustacés

Muscheln und Schalentiere

coquilles *f/ pl* **Saint-Jacques** kɔ'kij ßẽ'schak	Jakobsmuscheln
crabe *m* krab	Krabbe
crevette *f* krö'wät	Garnele
écrevisses *f/ pl* ekrö'wiß	Flusskrebse
homard *m* **à l'armoricaine** ɔ'mar a larmɔri'kän	Hummer in Stücken mit Weißwein
huîtres *f/ pl* 'üitrö	Austern
langouste *f* lã'gußt	Languste
langoustines *f/ pl* lãguß'tin	Scampi
moules *f/ pl* **frites** mul frit	Miesmuscheln mit Pommes frites
plateau *m* **de fruits de mer** pla'to dö früi dö mär	Meeresfrüchteplatte

Garnitures

Beilagen

pâtes *f/ pl* pat	Nudeln
pommes *f/ pl* **de terre** pɔm dö tär	Kartoffeln
pommes *f/ pl* **de terre sautées** pɔm dö tär ßo'te	Bratkartoffeln
pommes *f/ pl* **de terre vapeur** pɔm dö tär wa'pör	Salzkartoffeln
pommes *f/ pl* **frites** pɔm frit	Pommes frites
riz *m* ri	Reis

Légumes

Gemüse

artichauts *m/ pl* arti'scho	Artischocken
asperges *f/ pl* aß'pärsch	Spargel
aubergines *f/ pl* obär'schin	Auberginen
carottes *f/ pl* ka'rɔt	Möhren
champignons *m/ pl* schãpi'njõ	Pilze
champignons *m/ pl* **de Paris** schãpi'njõ dö pa'ri	Champignons
chou *m* **fleur** schu flör	Blumenkohl
chou *m* **rave** schu raw	Kohlrabi
choucroute *f* schu'krut	Sauerkraut
choux *m/ pl* **de Bruxelles** schu dö brü'kßäl	Rosenkohl
courgettes *f/ pl* kur'schät	Zucchini
endives *f/ pl* ã'diw	Chicorée

épinards *m/ pl*	epi'nar	Spinat
fenouil *m*	fö'nuj	Fenchel
gratin *m* dauphinois	gra'tẽ dofi'noa	Kartoffelauflauf
haricots *m/ pl* blancs	ari'ko blã	weiße Bohnen
haricots *m/ pl* verts	ari'ko wär	grüne Bohnen
macédoine *f* de légumes	maße'doan dö le'güm	gemischtes Gemüse
navets *m/ pl*	na'wä	weiße Rübchen
petits pois *m/ pl*	pö'ti poa	Erbsen
poivron *m*	poa'wrõ	Paprika
ratatouille *f*	rata'tuj	Gemüse aus Tomaten, Paprika, Auberginen usw.

Le mode de préparation

Zubereitungsarten

à la broche	a la brɔsch	am Spieß
(cuit) à la vapeur	(küi) a la wa'pör	gedämpft
à l'étuvé	a letü'we	gedünstet
bien cuit	bjẽ küi	durchgebraten
cuit à l'eau	küi a lo	gekocht
cuit au four	küi o fur	gebacken
flambé	flã'be	flambiert
fumé	fü'me	geräuchert
gratiné	grati'ne	überbacken
(fait) maison	(fä) mä'sõ	hausgemacht
pané	pa'ne	paniert
rôti	ro'ti	geröstet

Fromages

Käse

bleu *m* blö	Blauschimmelkäse
doux du	mild
fromage *m* frɔ'masch	Käse
fromage *m* **au lait cru** frɔ'masch o lä krü	Rohmilchkäse
fromage *m* **de brebis** frɔ'masch dö brö'bi	Schafskäse
fromage *m* **de chèvre** frɔ'masch dö 'schäwrö	Ziegenkäse
plateau *m* **de fromages** pla'to dö frɔ'masch	Käseplatte

Desserts

Nachtisch

beignets *m/ pl* **aux pommes** bä'njä o pɔm	Apfelbeignets
charlotte *f* schar'lɔt	gestürzte Süßspeise aus likörgetränkten Löffelbiskuits und Vanillecreme
clafoutis *m* **aux cerises** klafu'ti o ßö'ris	Süßspeise aus Eierkuchenteig und Kirschen
crème *f* **caramel** kräm kara'mäl	Karamellpudding
flan *m* flã	Cremepudding
glace *f* glaß	Eis
glace *f* **à la vanille** glaß a la wa'nij	Vanilleeis

glace *f* au chocolat glaß o schɔkɔ'la	Schokoladeneis
île *f* flottante il flɔ'tãt	Eischnee auf Vanillesoße
macédoine *f* de fruits maße'doan dö früi	Obstsalat
meringue *f* mö'rẽg	Baiser
parfait *m* par'fä	Halbgefrorenes

Fruits

Obst

figues *f/ pl* fig	Feigen
pastèque *f* paß'täk	Wassermelone
pêche *f* päsch	Pfirsich
poire *f* poar	Birne
pomme *f* pɔm	Apfel
raisin *m* rä'sẽ	Weintraube

Gâteaux et pâtisseries

Kuchen und Gebäck

baba *m* au rhum ba'ba o rɔm	mit Rum getränkter Hefekuchen
chou *m* à la crème schu a la kräm	Windbeutel
mille-feuille *m* mil'föj	Blätterteiggebäck mit Creme
profiteroles *f/ pl* prɔfit'rɔl	kleine Windbeutel mit Cremefüllung
tarte *f* Tatin tart ta'tẽ	gestürzte Apfeltorte mit Karamellguss

Liste des consommations

Getränkekarte

Apéritifs

Aperitifs

kir *m* kir	Weißwein mit Johannisbeerlikör
kir *m* royal kir roa'jal	Champagner mit Johannisbeerlikör
pastis *m* paß'tiß	Anisschnaps

Vins

Wein

brut brüt	trocken *(Champagner)*
champagne *m* schã'panj	Champagner
cuvée *f* du patron kü'we dü pa'trõ	Hauswein
(demi-)sec (dömi)'ßäk	(halb-)trocken
doux du	lieblich
porto *m* pɔr'to	Portwein
vin *m* blanc wẽ blã	Weißwein
vin *m* de pays wẽ dö pä'i	Landwein
vin *m* de table wẽ dö 'tablö	Tafelwein
vin *m* mousseux wẽ mu'ßö	Schaumwein, Sekt
vin *m* rosé wẽ ro'se	Rosé
vin *m* rouge wẽ rusch	Rotwein

Autres boissons alcoolisées

Andere alkoholische Getränke

bière *f* bjär	Bier
bière *f* blonde bjär blõd	helles Bier
bière *f* brune bjär brün	dunkles Bier
bière *f* pression bjär prä'ßjõ	Bier vom Fass
bière *f* sans alcool bjär ßãs‿al'kɔl	alkoholfreies Bier
bitter *m* bi'tär	Magenbitter
calvados *m* kalwa'doß	Apfelschnaps
cassis *m* ka'ßiß	Johannisbeerlikör
cidre *m* 'ßidrö	Apfelwein
digestif *m* dischäß'tif	Verdauungsschnaps
eau-de-vie *f* od'wi	klarer Schnaps
marc *m* mark	Trester

Boissons non alcoolisées

Alkoholfreie Getränke

citron *m* pressé ßi'trõ pre'ße	Zitrone natur
eau *f* minérale o mine'ral	Mineralwasser
eau *f* minérale gazeuse o mine'ral ga'sös	Mineralwasser mit Kohlensäure
eau *f* minérale non gazeuse o mine'ral nõ ga'sös	Mineralwasser ohne Kohlensäure
grenadine *f* gröna'din	Granatapfelsirup mit Wasser
jus *m* schü	Saft

jus *m* de pomme schü dö pɔm	Apfelsaft
jus *m* de tomate schü dö tɔ'mat	Tomatensaft
jus *m* d'orange schü dɔ'rãsch	Orangensaft
limonade *f* limɔ'nad	Limonade
menthe *f* mãt	Pfefferminzsirup mit Wasser

Boissons chaudes

Heiße Getränke

café *m* ka'fe	Kaffee
café *m* au lait ka'fe o lä	Milchkaffee
café *m* crème ka'fe kräm	Kaffee mit aufgeschäumter Milch
café *m* express ka'fe äkß'präß	Espresso
chocolat *m* chaud schoko'la scho	heiße Schokolade
infusion *f* ẽfü'sjõ	Früchte- oder Kräutertee
infusion *f* de tilleul ẽfü'sjõ dö ti'jöl	Lindenblütentee
infusion *f* de verveine ẽfü'sjõ dö wär'wän	Eisenkrauttee
thé *m* te	Tee
thé *m* au citron te o ßi'trõ	Tee mit Zitrone
thé *m* au lait te o lä	Tee mit Milch

Bestellen

Die Karte bitte.	La carte, s'il vous plaît. la kart, ßil wu plä.
Ich möchte nur eine Kleinigkeit essen.	Je voudrais seulement manger un petit quelque chose. schö wu'drä ßöl'mã mã'sche ẽ pö'ti kälkö schos.
Gibt es jetzt noch etwas Warmes zu essen?	Est-ce qu'on peut encore avoir quelque chose de chaud à manger? äß‿kõ pö ã'kɔr a'woar kälkö schos dö scho a mã'sche?
Ich möchte nur etwas trinken.	Je voudrais seulement boire quelque chose. schö wu'drä ßöl'mã boar kälkö schos.
Que désirez-vous boire?	Was möchten Sie trinken?
Ich möchte …	Je voudrais … schö wu'drä …
– ein Glas Rotwein.	– un verre de vin rouge. ẽ wär dö wẽ rusch.
– eine Flasche Weißwein.	– une bouteille de vin blanc. ün bu'täj dö wẽ blã.
– einen (halben) Liter Hauswein.	– un (demi) litre de vin maison. ẽ (dö'mi) 'litrö dö wẽ mä'sõ.
– ein Viertel Rosé.	– un quart de rosé. ẽ kar dö ro'se.
– ein Bier.	– une bière. ün bjär.
– eine Karaffe Wasser.	– une carafe d'eau. ün ka'raf do.
– noch etwas Brot.	– encore un peu de pain. ã'kɔr ẽ pö dö pẽ.
– eine *kleine/große* Flasche Mineralwasser.	– une *petite/grande* bouteille d'eau minérale. ün *pö'tit/grãd* bu'täj do mine'ral.

Haben Sie auch offenen Wein? | **Avez-vous aussi du vin en carafe ?** awe'wu o'ßi dü wẽ ã ka'raf?

Que désirez-vous manger ? | Was möchten Sie essen?

Ich möchte … | **Je voudrais …** schö wu'drä …

- das Menü zu … Euro. | **– le menu à … euros.** lö mö'nü a … ö'ro.
- eine Portion … | **– une portion de …** ün pɔr'ßjõ dö …
- ein Stück … | **– une part de …** ün par dö …

Was empfehlen Sie mir? | **Que me recommandez-vous ?** kö mö rökɔmãde'wu?

Was sind die Spezialitäten aus dieser Region? | **Quelles sont les spécialités de la région ?** käl ßõ le ßpeßjali'te dö la re'schjõ?

Haben Sie … | **Avez-vous …** awe'wu …

- diabetische Kost? | **– des plats pour diabétiques ?** de pla pur djabe'tik?
- Diätkost? | **– des plats de régime ?** de pla dö re'schim?
- vegetarische Gerichte? | **– des plats végétariens ?** de pla wescheta'rjẽ?

Ist … in dem Gericht? Ich darf das nicht essen. | **Est-ce qu'il y a … dans ce plat ? Je n'ai pas le droit d'en manger.** äß‿kil‿ja … dã ßö pla? schö nä pa lö droa dã mã'sche.

Für mich bitte ohne … | **Pour moi sans …, s'il vous plaît.** pur moa ßã …, ßil wu plä.

Comme *entrée* / *dessert*, qu'est-ce que vous prenez ? | Was nehmen Sie als *Vorspeise* / *Nachtisch*?

Danke, ich nehme *keine Vorspeise / keinen Nachtisch.*	**Merci, je ne prends pas *d'entrée / de dessert.*** mär'ßi, schö nö prã pa *dã'tre / dö de'ßär.*
Comment désirez-vous votre steak ?	Wie möchten Sie Ihr Steak?
Englisch.	**Saignant.** ßä'njã.
Medium.	**A point.** a poẽ.
Gut durchgebraten.	**Bien cuit.** bjẽ küi.
Bitte bringen Sie mir noch …	**Apportez-moi encore …, s'il vous plaît.** apɔrte'moa ã'kor …, ßil wu plä.

Reklamieren

Das habe ich nicht bestellt. Ich wollte …	**Ce n'est pas ce que j'ai commandé. Je voulais …** ßö nä pa ßö kö schä kɔmã'de. schö wu'lä …
Haben Sie unser … vergessen?	**Vous avez oublié notre … ?** wus‿a'we ubli'je 'nɔtrö …?
Hier fehlt noch …	**Ici, il manque encore …** i'ßi, il mãk ã'kɔr …
Das Essen ist *kalt / versalzen.*	**Le repas est *froid / trop salé.*** lö rö'pa ä *froa / tro ßa'le.*
Das Fleisch ist nicht lang genug gebraten.	**La viande n'est pas assez cuite.** la wjãd nä pas‿a'ße küit.
Das Fleisch ist zäh.	**La viande est dure.** la wjãd ä dür.
Bitte nehmen Sie es zurück.	**Remportez cela, s'il vous plaît.** rãpɔr'te ßö'la, ßil wu plä.

► zu Lob: *Gefallen und Missgefallen ausdrücken,* Seite 22

Bezahlen

Die Rechnung bitte!	**L'addition, s'il vous plaît !** ladi'ßjõ, ßil wu plä!
Ich möchte eine Quittung bitte.	**Je voudrais une facture, s'il vous plaît.** schö wu'drä ün fak'tür, ßil wu plä.
Wir möchten getrennt bezahlen.	**Nous voudrions payer séparément.** nu wudri'jõ pä'je ßepare'mã.
Bitte alles zusammen.	**Une seule addition, s'il vous plaît.** ün ßöl adi'ßjõ, ßil wu plä.
Vous êtes satisfait(s) ?	Hat es Ihnen geschmeckt?

► zu Lob: *Gefallen und Missgefallen ausdrücken,* Seite 22

Sagen Sie bitte dem Koch mein Kompliment!	**Faites mes compliments au chef.** fät me kõpli'mã o schäf.

info In Frankreich zahlt man grundsätzlich zusammen. Wer die eher deutsche Sitte des getrennten Bezahlens beibehalten will, muss das ausdrücklich sagen: **«Nous voudrions payer séparément».** Die Rechnung wird sehr diskret überreicht, zusammengefaltet, auf einem Tellerchen, manchmal auch zugedeckt von einer Serviette.

Ich glaube, hier stimmt etwas nicht.	**A mon avis, il y a une erreur.** a mõn‿a'wi, il‿ja ün‿ä'rör.
Rechnen Sie es mir bitte vor.	**Vous pourriez me refaire le compte, s'il vous plaît ?** wu pu'rje mö rö'fär lö kõt, ßil wu plä?
Es stimmt so.	**Ça va comme ça.** ßa wa kɔm ßa.
Vielen Dank.	**Merci beaucoup.** mär'ßi bo'ku.

Gemeinsam essen

Guten Appetit!	**Bon appétit !** bɔn‿ape'ti!
Danke, gleichfalls!	**Merci, *vous / toi* de même.** mär'ßi, *wu / toa* dö mäm.
Zum Wohl!	**Santé !** ßã'te!
***Vous aimez / Tu aimes* ça ?**	Schmeckt es *Ihnen / dir*?
Danke, sehr gut.	**Merci, c'est très bon.** mär'ßi, ßä trä bõ.
Encore un peu de … ?	Noch etwas …?
Ja, gerne.	**Oui, volontiers.** ui, wɔlõ'tje.
Danke, ich bin satt.	**Je n'ai plus faim, merci.** schö nä plü fẽ, mär'ßi.
Was ist das?	**Qu'est-ce que c'est ?** käß‿kö ßä?
Würden Sie mir bitte … reichen?	**Vous pourriez me passer …, s'il vous plaît ?** wu pu'rje mö pa'ße …, ßil wu plä?
Ich möchte keinen Alkohol trinken.	**Pas d'alcool pour moi, merci.** pa dal'kɔl pur moa, mär'ßi.
Stört es *Sie / dich*, wenn ich rauche?	**Ça *vous / te* dérange si je fume ?** ßa *wu / tö* de'rãsch ßi schö füm?
Danke für die Einladung.	**Merci pour l'invitation.** mär'ßi pur lẽwita'ßjõ.
Ich möchte *Sie / dich* einladen.	**J'aimerais *vous inviter / t'inviter*.** schäm'rä *wus‿ẽwi'te / tẽwi'te*.
Es war ausgezeichnet.	**C'était excellent.** ße'tät‿äkße'lã.

► Bitten und danken, Seite 22

Essen und Trinken: weitere Wörter

Abendessen	le dîner lö di'ne
Aschenbecher	le cendrier lö ßădri'je
Bedienung	le service lö ßär'wiß
Beilage	la garniture la garni'tür
Besteck	les couverts *m/ pl* le ku'wär
bestellen	commander kɔmă'de
bezahlen	payer pä'je
bezahlen, getrennt	payer séparément pä'je ßepare'mă
bezahlen, zusammen	payer ensemble pä'je ă'ßăblö
Brot	le pain lö pẽ
Brot, belegtes	le sandwich lö ßă'duitsch
Brötchen	le petit pain lö pö'ti pẽ
Butter	le beurre lö bör
Diät	le régime lö re'schim
durstig sein	avoir soif a'woar ßoaf
essen	manger mă'sche
Essen	le repas lö rö'pa
Essig	le vinaigre lö wi'nägrö
fett	gras, *f:* grasse gra, graß
Flasche	la bouteille la bu'täj
Fleisch	la viande la wjăd
frisch	frais, *f:* fraîche frä, fräsch
Frühstück	le petit déjeuner lö pö'ti deschö'ne
frühstücken	prendre le petit déjeuner 'prădrö lö pö'ti deschö'ne
Gabel	la fourchette la fur'schät
Gang	le plat lö pla
Gebäck	les gâteaux *m/ pl* secs le ga'to ßäk
Gedeck	le couvert lö ku'wär
Gericht	le plat *m* lö pla
Getränk	la boisson la boa'ßõ
gewürzt	assaisonné aßäsɔ'ne
Glas	le verre lö wär

Gräte	l'arête *f* la'rät
Hauptgericht	le plat de résistance lö pla dö resiß'tãß
hausgemacht	(fait) maison (fä) mä'sõ
heiß	chaud scho
hungrig sein	avoir faim a'woar fẽ
Joghurt	le yaourt lö ja'urt
Kakao	le cacao lö kaka'o
kalt	froid froa
Käse	le fromage lö frɔ'masch
Kellner	le garçon lö gar'ßõ
Kellnerin	la serveuse la ßär'wös
Ketchup	le ketchup lö kät'schöp
Kneipe	le bistrot lö biß'tro
Knoblauch	l'ail *m* laj
Kuchen	le gâteau lö ga'to
Löffel	la cuillère la küi'jär
mager	maigre 'mägrö
Margarine	la margarine la marga'rin
Marmelade	la confiture la kõfi'tür
Mayonnaise	la mayonnaise la majɔ'näs
Menü	le menu lö mö'nü
Messer	le couteau lö ku'to
Mineralwasser (*mit / ohne* Kohlensäure)	l'eau *f* minérale (*gazeuse / non-gazeuse*) lo mine'ral (*ga'sös / nõ ga'sös*)
Mittagessen	le déjeuner lö deschö'ne
Nachtisch	le dessert lö de'ßär
Obst	les fruits *m/ pl* le früi
Öl	l'huile *f* lüil
Pfeffer	le poivre lö 'poawrö
Pizza	la pizza la pi'dsa
Portion	la portion la pɔr'ßjõ
Restaurant	le restaurant lö räßto'rã
Rindfleisch	le boeuf lö böf

roh	cru krü
Rohkost	les crudités *f/ pl* le krüdi'te
Sahne	la crème chantilly la kräm schãti'ji
Salat	la salade la ßa'lad
Salatsoße	la vinaigrette la wine'grät
Salz	le sel lö ßäl
Salzstreuer	la salière la ßa'ljär
satt sein	ne plus avoir faim nö plüs‿a'woar fẽ
sauer	aigre 'ägrö
scharf	épicé epi'ße
schmecken	être bon 'ätrö bõ
Schonkost	la cuisine diététique la küi'sin djete'tik
Senf	la moutarde la mu'tard
Serviette	la serviette la ßär'wjät
Soße	la sauce la ßoß
Spezialität	la spécialité la ßpeßjali'te
Stück	le morceau lö mɔr'ßo
Stuhl	la chaise la schäs
Suppe	le potage lö pɔ'tasch
süß	sucré ßü'kre
Süßstoff	la saccharine la ßaka'rin
Tasse	la tasse la taß
Tee	le thé lö te
Teelöffel	la cuillère à café la küi'jär‿a ka'fe
Teller	l'assiette *f* la'ßjät
Tisch	la table la 'tablö
trinken	boire boar
Trinkgeld	le pourboire lö pur'boar
vegetarisch	végétarien wescheta'rjẽ
Vorspeise	l'entrée *f* lã'tre
Zahnstocher	le cure-dents lö kür'dã
Zucker	le sucre lö 'ßükrö

Einkaufen

Wo bekomme ich …?
Où est-ce que je peux acheter … ?

Kann ich probieren?
Je peux goûter ?

Preise verhandeln und bezahlen

Wie viel kostet das?	Ça coûte combien ? ßa kut kõ'bjẽ?
Was *kostet/kosten* ...?	Combien *coûte/coûtent* ... ? kõ'bjẽ *kut/kut* ...?
Das ist mir zu teuer.	C'est trop cher pour moi. ßä tro schär pur moa.
Können Sie mir mit dem Preis etwas entgegenkommen?	Vous pouvez faire quelque chose pour le prix ? wu pu'we fär kälkö schos pur lö pri?
Geben Sie einen Nachlass, wenn ich bar zahle?	Vous me faites une réduction, si je paie en liquide ? wu mö fät ün redük'ßjõ, ßi schö pä ã li'kid?
Haben Sie ein Sonderangebot?	Vous avez des offres spéciales ? wus‿a'we des‿'ɔfrö ßpe'ßjal?
Kann ich mit (dieser) Kreditkarte zahlen?	Je peux payer avec (cette) carte de crédit ? schö pö pä'je a'wäk (ßät) kart dö kre'di?
Ich hätte gerne eine Quittung.	J'aimerais avoir une facture. schäm'rä a'woar ün fak'tür.

Allgemeine Wünsche

Wo bekomme ich ...?	Où est-ce que je peux acheter ... ? u äß‿kö schö pö asch'te ...?
Vous désirez ?	Was wünschen Sie?
Je peux vous aider ?	Kann ich Ihnen helfen?
Danke, ich sehe mich nur um.	Merci, je regarde seulement. mär'ßi, schö rö'gard ßöl'mã.

Ich werde schon bedient.	**Merci, on me sert.** mär'ßi, õ mö ßär.
Ich hätte gerne ...	**Je voudrais ...** schö wu'drä ...
Das gefällt mir nicht so gut.	**Cela ne me plaît pas tellement.** ßö'la nö mö plä pa täl'mã.
Können Sie mir bitte ... zeigen?	**Pouvez-vous me montrer ..., s'il vous plaît ?** puwe'wu mö mõ'tre ..., ßil wu plä?
Können Sie mir noch etwas anderes zeigen?	**Vous pourriez me montrer autre chose ?** wu pu'rje mö mõ'tre 'otrö schos?
Ich muss mir das noch mal überlegen.	**Je dois encore réfléchir.** schö doa ã'kɔr refle'schir.
Das gefällt mir. Ich nehme es.	**Cela me plaît. Je le prends.** ßö'la mö plä. schö lö prã.
Vous désirez encore quelque chose ?	Darf es sonst noch etwas sein?
Danke, das ist alles.	**Merci, ce sera tout.** mär'ßi, ßö ßö'ra tu.
Haben Sie eine Tüte?	**Vous auriez un sac ?** wus‿o'rje ẽ ßak?
Können Sie es als Geschenk einpacken?	**Vous pourriez me faire un paquet cadeau ?** wu pu'rje mö fär ẽ pa'kä ka'do?
Können Sie mir das nach Deutschland schicken?	**Vous pourriez l'expédier en Allemagne ?** wu pu'rje läkßpe'dje ãn‿al'manj?
Ich möchte das *umtauschen / zurückgeben*.	**Je voudrais *échanger / rendre* cela.** schö wu'drä *eschã'sche / 'rãdrö* ßö'la.

Preise und Wünsche: weitere Wörter

Ausverkauf	**les soldes** *f/pl*	le 'ßɔldö
billig(er)	**(moins) cher**	(moẽ) schär
geben	**donner**	dɔ'ne
Geld	**l'argent** *m*	lar'schã
Geschenk	**le cadeau**	lö ka'do
(zu) groß	**(trop) grand**	(tro) grã
größer	**plus grand**	plü grã
kaufen	**acheter**	asch'te
kosten	**coûter**	ku'te
Kreditkarte	**la carte de crédit**	la kart dö kre'di
Quittung	**le reçu**	lö rö'ßü
rund	**rond**	rõ
Schaufenster	**la vitrine**	la wi'trin
Scheck	**le chèque**	lö schäk
Schlussverkauf	**les soldes** *f/pl*	le 'ßɔldö
Selbstbedienung	**le libre service**	lö 'librö ßär'wiß
Sonderangebot	**l'article** *m* **en promotion**	lar'tikl ã prɔmo'ßjõ
(zu) teuer	**(trop) cher**	(tro) schär
Tüte	**le sac**	lö ßak
umtauschen	**échanger**	eschã'sche
zeigen	**montrer**	mõ'tre
zurückgeben	**rendre**	'rãdrö

Geschäfte

info Die Öffnungszeiten der Geschäfte sind in Frankreich folgendermaßen geregelt: Kaufhäuser und Supermärkte sind in der Regel bis 19 Uhr oder 19.30 Uhr geöffnet, kleinere Lebensmittelgeschäfte meist noch länger. Dafür wird eine ausgiebige Mittagspause gemacht: Von 12 bis 14 Uhr sind die Geschäfte geschlossen (nicht in Paris). Vor allem Lebensmittelgeschäfte, Bäckereien und Metzgereien haben auch sonntags vormittags geöffnet.

Geschäfte: weitere Wörter

Andenkenladen	le magasin de souvenirs lö maga'sẽ dö ßuw'nir
Antiquitätengeschäft	le magasin d'antiquités lö maga'sẽ dãtiki'te
Apotheke	la pharmacie la farma'ßi
Bäckerei	la boulangerie la bulãsch'ri
Blumengeschäft	le fleuriste lö flö'rißt
Boutique	la boutique la bu'tik
Buchhandlung	la librairie la librä'ri
Drogerie	la droguerie la drɔg'ri
Einkaufszentrum	le centre commercial lö 'ßãtrö kɔmär'ßjal
Elektrohandlung	le magasin d'électroménager lö maga'sẽ deläktromena'sche
Feinkostgeschäft	l'épicerie *f* fine lepiß'ri fin
Fischgeschäft	la poissonnerie la poaßɔn'ri
Fleischerei	la boucherie la busch'ri
Fotogeschäft	le magasin d'articles photographiques lö maga'sẽ dar'tiklö fɔtɔgra'fik
Friseur	le coiffeur lö koa'för

Gemüsehändler	le marchand de primeurs lö mar'schã dö pri'mör
Haushaltswaren	le magasin d'articles ménagers lö maga'sẽ dar'tiklö mena'sche
Juwelier	le bijoutier lö bischu'tje
Kaufhaus	le grand magasin lö grã maga'sẽ
Kiosk	le kiosque lö kjɔßk
Konditorei	la pâtisserie la patiß'ri
Lebensmittelgeschäft	l'épicerie *f* lepiß'ri
Lederwarengeschäft	la maroquinerie la marɔkin'ri
Markt	le marché lö mar'sche
Musikgeschäft	le magasin de musique lö maga'sẽ dö mü'sik
Obst- und Gemüse	les fruits et légumes *m/ pl* le früis e le'güm
Optiker	l'opticien *m* lɔpti'ßjẽ
Parfümerie	la parfumerie la parfüm'ri
Reinigung	le pressing lö prä'ßing
Schreibwarengeschäft	la papeterie la papät'ri
Schuhgeschäft	le magasin de chaussures lö maga'sẽ dö scho'ßür
Schuhmacher	le cordonnier lö kɔrdɔ'nje
Sportgeschäft	le magasin d'articles de sport lö maga'sẽ dar'tiklö dö ßpɔr
Supermarkt	le supermarché lö ßüpärmar'sche
Süßwaren	la confiserie la kõfis'ri
Tabakwaren	le bureau de tabac lö bü'ro dö ta'ba
Uhrmacher	l'horloger lɔrlɔ'sche
Waschsalon	la laverie automatique la law'ri ɔtɔma'tik
Wurstwaren	la charcuterie la scharküt'ri
Zeitungsstand	le marchand de journaux lö mar'schã dö schur'no

Lebensmittel

Was ist das?	**Qu'est-ce que c'est ?** käß‿kö ßä?
Bitte geben Sie mir …	**Donnez-moi …, s'il vous plaît.** dɔne'moa …, ßil wu plä.
– 100 Gramm …	**– cent grammes de …** ßã gram dö …
– 1 Pfund …	**– une livre/un demi kilo de …** ün 'liwrö/ẽ dö'mi ki'lo dö …
– 1 Kilo …	**– un kilo de …** ẽ ki'lo dö …
– 1 Liter …	**– un litre de …** ẽ 'litrö dö …
– 1 halben Liter …	**– un demi-litre de …** ẽ dömi'litrö dö …
– 4 Scheiben …	**– quatre tranches de …** 'katrö trãsch dö …
– 1 Stück …	**– un morceau de …** ẽ mɔr'ßo dö …
Ça fait un peu plus. Ce n'est pas grave ?	Darf es etwas mehr sein?
Etwas *weniger*/*mehr* bitte.	**Un peu *moins*/*plus*, s'il vous plaît.** ẽ pö *moẽ*/*plüß*, ßil wu plä.
Kann ich probieren?	**Je peux goûter ?** schö pö gu'te?

info In einer **boucherie** können Sie nur Fleisch kaufen. Wurstwaren erhalten Sie in der **charcuterie**; am häufigsten ist jedoch die **boucherie-charcuterie**, die beides verkauft. In der **rôtisserie** und beim **traiteur** kaufen Sie fertig zubereitete Vorspeisen und Gerichte. In der **crémerie** gibt es Milchprodukte. In der **boulangerie** bekommen Sie Brot und einige Sorten Gebäck wie **croissants, pains au chocolat** *(Schokoladen-Croissants)*, **pains aux raisins** *(Rosinenbrötchen)* oder **chaussons aux pommes** *(Apfeltaschen)*. Wer Kuchen oder Torte kaufen will, geht in die **pâtisserie** *(Konditorei)*.

Lebensmittel: weitere Wörter

Ananas	l'ananas *m* lana'na(ß)
Apfel	la pomme la pɔm
Apfelsaft	le jus de pomme lö schü dö pɔm
Apfelwein	le cidre lö 'ßidrö
Aprikose	l'abricot *m* labri'ko
Artischocke	l'artichaut *m* larti'scho
Aubergine	l'aubergine *f* lobär'schin
Avocado	l'avocat *m* lawɔ'ka
Banane	la banane la ba'nan
Basilikum	le basilic lö basi'lik
Bier	la bière la bjär
Bier, alkoholfreies	la bière sans alcool la bjär ßãs‿al'kɔl
Birne	la poire la poar
Bohnen, grüne	les haricots *m/ pl* verts le ari'ko wär
Bohnen, weiße	les haricots *m/ pl* blancs le ari'ko blã
Brokkoli	le brocoli lö broko'li
Brot	le pain lö pẽ
Brötchen	les petits pains *m/ pl* le pö'ti pẽ
Butter	le beurre lö bör
Chicorée	l'endive *f* lã'diw
Ei	l'œuf *m, / pl:* les œufs löf, les‿ö
Eis	la glace la glaß
Erbsen	les petits pois *m/ pl* le pö'ti poa
Erdbeeren	les fraises *f/ pl* le fräs
Erdnüsse	les cacahuètes *f/ pl* le kaka'uät
Essig	le vinaigre lö wi'nägrö
Esskastanien	les châtaignes *m/ pl* le scha'tänj
Estragon	l'estragon *m* läßtra'gõ
Fisch	le poisson lö poa'ßõ
Fleisch	la viande la wjãd

Geflügel	la volaille la wɔ'laj
Gemüse	les légumes *m/ pl* le le'güm
Gewürze	les épices *f/ pl* les‿e'piß
Grieß	la semoule la ßö'mul
Gurke *(Salatgurke)*	le concombre lö kõ'kõbrö
Gurken, eingelegte	les cornichons *m/ pl* le kɔrni'schõ
Hackfleisch	la viande hachée la wjãd‿a'sche
Haferflocken	les flocons *m/ pl* d'avoine le flɔ'kõ da'woan
Hähnchen	le poulet lö pu'lä
Haselnuss	la noisette la noa'sät
Himbeeren	les framboises *f/ pl* le frã'boas
Honig	le miel lö mjäl
Joghurt	le yaourt lö ja'urt
Kaffee	le café lö ka'fe
Kakao	le cacao lö kaka'o
Kalbfleisch	le veau lö wo
Kartoffeln	les pommes *f/ pl* de terre le pɔm dö tär
Käse	le fromage lö frɔ'masch
Kekse	les biscuits *m/ pl* le biß'küi
Ketchup	le ketchup lö kät'schöp
Kirschen	les cerises *f/ pl* le ßö'ris
Kiwi	le kiwi lö ki'ui
Knoblauch	l'ail *m* laj
Kohl	le chou lö schu
Konservierungsstoffe, ohne	sans agents *m/ pl* de conservation ßã a'schã dö kõßärwa'ßjõ
Kotelett	la côtelette la kot'lät
Kräuter	les fines herbes *f/ pl* le fin‿s‿'ärbö
Kräutertee	l'infusion *f* lẽfü'sjõ
Kuchen	le gâteau lö ga'to
Lammfleisch	l'agneau *m* la'njo
Lauch	le poireau lö poa'ro
Leberpastete	le pâté de foie lö pa'te dö foa

Limonade	la limonade la limɔ'nad
Mais	le maïs lö ma'iß
Margarine	la margarine la marga'rin
Marmelade	la confiture la kõfi'tür
Melone	le melon lö mö'lõ
Milch	le lait lö lä
Milch, fettarme	le lait demi-écrémé lö lä dö'mi ekre'me
Mineralwasser *mit / ohne* Kohlensäure	l'eau *f* minérale *gazeuse / non gazeuse* lo mine'ral *ga'sös / nõ ga'sös*
Möhren	les carottes *f/ pl* le ka'rɔt
Müsli	le muesli lö müß'li
Nudeln	les pâtes *f/ pl* le pat
Obst	les fruits *m/ pl* le früi
Öl	l'huile *f* lüil
Oliven	les olives *f/ pl* les‿ɔ'liw
Olivenöl	l'huile *f* d'olive lüil dɔ'liw
Ölsardinen	les sardines *f/ pl* à l'huile le ßar'din a lüil
Orange	l'orange *f* lɔ'rãsch
Orangensaft	le jus d'orange lö schü dɔ'rãsch
Oregano	l'origan *m* lɔri'gã
Paprika *(Gewürz)*	le piment lö pi'mã
Paprikaschote	le poivron lö poa'wrõ
Peperoni	le piment lö pi'mã
Petersilie	le persil lö pär'ßi
Pfeffer	le poivre lö 'poawrö
Pfirsich	la pêche la päsch
Pflaume	la prune la prün
Pilze	les champignons *m/ pl* le schãpi'njõ
Reis	le riz lö ri
Rindfleisch	le bœuf lö böf

Rosmarin	le romarin lö rɔma'rẽ
Rotwein	le vin rouge lö wẽ rusch
Saft	le jus lö schü
Sahne	la crème la kräm
Salami	le salami lö ßala'mi
Salat	la salade la ßa'lad
Salz	le sel lö ßäl
Schinken, gekochter	le jambon cuit lö schã'bõ küi
Schinken, roher	le jambon cru lö schã'bõ krü
Schnittlauch	la ciboulette la ßibu'lät
Schnitzel	l'escalope *f* läßka'lɔp
Schokolade	le chocolat lö schoko'la
Schwarzbrot	le pain noir lö pẽ noar
Schweinefleisch	le porc lö pɔr
Spargel	l'asperge *f* laß'pärsch
Spinat	les épinards *m/ pl* les‿epi'nar
Steak	le steak lö ßtäk
Süßstoff	la saccharine la ßaka'rin
Tee	le thé lö te
Thymian	le thym lö tẽ
Tomate	la tomate la tɔ'mat
Vollkornbrot	le pain complet lö pẽ kõ'plä
Walnuss	la noix la noa
Wassermelone	la pastèque la paß'täk
Wein	le vin lö wẽ
Weintraube	le raisin lö rä'sẽ
Weißbrot	le pain blanc lö pẽ blã
Weißwein	le vin blanc lö wẽ blã
Wurst(aufschnitt)	la charcuterie la scharküt'ri
Würstchen	la saucisse la ßo'ßiß
Zitrone	le citron lö ßi'trõ
Zucchini	la courgette la kur'schät
Zucker	le sucre lö 'ßükrö
Zwiebel	l'oignon *m* lɔ'njõ

info Magasin libre service heißt ganz einfach *Selbstbedienungsladen* und bezeichnet oft einen kleinen Supermarkt. Wenn Sie eine Ferienwohnung gemietet haben oder campen, also zu den Selbstversorgern gehören, werden Sie auch in den supermarchés *(Supermärkten)* und den hypermarchés *(Riesen-Supermärkten)* einkaufen gehen. Sie sind meist am Stadtrand gelegen, sodass man sie ohne Auto nicht erreichen kann. Dort bekommen Sie einfach alles.
Tipp: Tanken Sie auch dort, die Preise sind oft niedriger als an den normalen Tankstellen.
Marché *(Markt)* ist einmal in der Woche; gerade in Südfrankreich sollten Sie unbedingt einen Markt besuchen. Die Pariser halles *(Markthallen)* existieren zwar nicht mehr, aber viele Viertel in Paris und in anderen Städten haben sich den überdachten Markt bewahrt.

Souvenirs

Ich möchte …	Je voudrais … schö wu'drä …
– ein hübsches Andenken.	– un joli souvenir. ẽ schɔ'li ßuw'nir.
– ein Geschenk.	– un cadeau. ẽ ka'do.
– etwas Typisches aus dieser Gegend.	– quelque chose de typique de la région. kälkö schos dö ti'pik dö la re'schjõ.
Ist das Handarbeit?	Est-ce que c'est fait main ? äß‿kö ßä fä mẽ?
Ist das *antik* / *echt*?	Est-ce que c'est *ancien* / *du vrai* ? äß‿kö ßä *t‿ã'ßjẽ* / *dü wrä*?

Souvenirs: weitere Wörter

Andenken	le souvenir	lö ßuw'nir
antik	ancien	ã'ßjẽ
Antiquität	l'antiquité *f*	lãtiki'te
Baskenmütze	le béret (basque)	lö be'rä (baßk)
Becher	le gobelet	lö gɔb'lä
Decke	la couverture	la kuwär'tür
Geschirr	la vaisselle	la wä'ßäl
Gürtel	la ceinture	la ßẽ'tür
Handarbeit	fait à la main	fä a la mẽ
handgemalt	peint à la main	pẽ a la mẽ
Handtasche	le sac à main	lö ßak a mẽ
Kanne	le broc	lö brɔk
Keramik	la céramique	la ßera'mik
Kräuter der Provence	les herbes *f/ pl* de Provence	les‿'ärbö dö prɔ'wãß
Kunsthandwerk	l'artisanat *m*	lartisa'na
Lavendel	la lavande	la la'wãd
Leder	le cuir	lö küir
Schmuck	les bijoux *m/ pl*	le bi'schu
Schüssel	le saladier	lö ßala'dje
Seidentuch	le foulard en soie	lö fu'lar‿ã ßoa
Spitze	la dentelle	la dã'täl
Steingut	la faïence	la fa'jãß
Tasse	la tasse	la taß
Terrakotta	la terre cuite	la tär küit
Tischdecke	la nappe	la nap
Töpferware	la poterie	la pɔt'ri
Trinkschale	le bol	lö bɔl
Vase	le vase	lö was
Zertifikat	le certificat	lö ßärtifi'ka

Kleidung

Kleidung kaufen

Ich suche … **Je cherche …** schö schärsch …

Quelle est votre taille ? Welche Größe haben Sie?

Ich habe die deutsche Größe … **Je porte un … allemand.** schö pɔrt ẽ … al'mã.

info Die Kleidergrößen sind in Frankreich anders bemessen als in Deutschland: So entspricht die deutsche Konfektionsgröße 36 in Frankreich der Konfektionsgröße 38.

Ich habe Größe … **Je porte du …** schö pɔrt dü …

Haben Sie das auch in Größe …? **Est-ce que vous l'avez aussi dans la taille… ?** äß‿kö wu la'we o'ßi dã la taj …?

Haben Sie das auch in einer anderen Farbe? **Est-ce que vous l'avez aussi dans une autre couleur ?** äß‿kö wu la'we o'ßi dãs‿ün‿'otrö ku'lör?

► *Farben,* Seite 114

Kann ich das anprobieren? **Je peux l'essayer ?** schö pö leßä'je?

Wo ist ein Spiegel? **Où est le miroir ?** u ä lö mi'roar?

Wo sind die Umkleidekabinen? **Où sont les cabines d'essayage ?** u ßõ le ka'bin deßä'jasch?

Welches Material ist das? **C'est quoi comme tissu ?** ßä koa kɔm ti'ßü?

Es steht mir nicht. **Ça ne me va pas.** ßa nö mö wa pa.

Das passt mir nicht.	Cela ne me va pas.	ßö'la nö mö wa pa.
Das ist mir zu *groß / klein*.	C'est trop *grand / petit*.	ßä tro *grã / pö'ti*.
Das passt gut.	Cela va parfaitement.	ßö'la wa parfät'mã.

Reinigung

Ich möchte das reinigen lassen.	Je voudrais faire nettoyer cela.	schö wu'drä fär netoa'je ßö'la.
Können Sie diesen Fleck entfernen?	Vous pouvez enlever cette tache ?	wu pu'we ãl'we ßät tasch?
Wann kann ich es abholen?	Quand est-ce que je peux venir le reprendre ?	kät‿äß‿kö schö pö wö'nir lö rö'prãdrö?

Stoffe und Materialien

Baumwolle	le coton	lö ko'tõ
Fleece	la fibre polaire	la 'fibrö pɔ'lär
Kaschmir	le cachemire	lö kasch'mir
Leder	le cuir	lö küir
Leinen	le lin	lö lẽ
Mikrofaser	la microfibre	la mikro'fibrö
Naturfaser	les fibres *f/ pl* naturelles	le 'fibrö natü'räl
Schafwolle	le mohair	lö mɔ'är
Schurwolle, reine	la pure laine vierge	la pür län wjärsch
Seide	la soie	la ßoa
Synthetik	le synthétique	lö ßẽte'tik
Wildleder	le chamois	lö scha'moa
Wolle	la laine	la län

Farben

beige	**beige** bäsch
blau	**bleu** blö
braun	**marron** *(unv)* ma'rõ
bunt	**multicolore** mültikɔ'lɔr
dunkelblau	**bleu marine** *(unv)* blö ma'rin
dunkelrot	**rouge foncé** *(unv)* rusch fõ'ße
einfarbig	**uni** ü'ni
gelb	**jaune** schon
golden	**doré** do're
grau	**gris** gri
grün	**vert** wär
hellblau	**bleu ciel** *(unv)* blö ßjäl
lila	**violet** wjɔ'lä
pink	**fuchsia** fü'schja
rosa	**rose** ros
rot	**rouge** rusch
schwarz	**noir** noar
silbern	**argent** *(unv)* ar'schã
türkis	**turquoise** tür'koas
weiß	**blanc**, *f*: **blanche** blã, blãsch

Kleidung kaufen: weitere Wörter

Anorak	l'anorak *m* lanɔ'rak
Anzug	le costume lö kɔß'tüm
Ärmel, kurze	les manches courtes *f/ pl* le mãsch kurt
Ärmel, lange	les manches *f/ pl* longues le mãsch lõg
Badeanzug	le maillot de bain lö ma'jo d‿bẽ
Badehose	le caleçon de bain lö kal'ßõ dö bẽ
Bademantel	le peignoir (de bain) lö pä'njoar (dö bẽ)
BH	le soutien-gorge lö ßutjẽ'gɔrsch
Bikini	le bikini lö biki'ni
Bluse	le chemisier lö schömi'sje
Gürtel	la ceinture la ßẽ'tür
Halstuch	le foulard lö fu'lar
Handschuhe	les gants *m/ pl* le gã
Hemd	la chemise la schö'mis
Hose	le pantalon lö pãta'lõ
Hut	le chapeau lö scha'po
Jacke	la veste la wäßt
Jeans	le jean lö dschin
Jogginghose	le pantalon de jogging lö pãta'lõ dö dschɔ'ging
Kleid	la robe la rɔb
Kostüm	le tailleur lö ta'jör
Krawatte	la cravate la kra'wat
kurz	court kur
lang	long lõ
Leder	le cuir lö küir
Leggins	les caleçons *m/ pl* le kal'ßõ
Mantel	le manteau lö mã'to
Mikrofaser	la microfibre la mikro'fibrö
Mütze	le bonnet lö bɔ'nä

Pullover	le pullover lö pülɔ'wär
Regenjacke	le k-way lö ka‿'ue
Regenmantel	l'imperméable *m* lẽpärme'ablö
Reißverschluss	la fermeture éclair la färmö'tür‿e'klär
Rock	la jupe la schüp
Sakko	le veston lö wäß'tõ
Schal	l'écharpe *f* le'scharpö
Schlafanzug	le pyjama lö pischa'ma
Shorts	le short lö schɔrt
Slip	le slip lö ßlip
Socken	les chaussettes *f/ pl* le scho'ßät
Sonnenhut	le chapeau de soleil lö scha'po dö ßɔ'läj
Strümpfe	les mi-bas *m/ pl* le miba
Strumpfhose	le collant lö kɔ'lã
T-Shirt	le T-shirt lö ti'schört
Unterhemd	le maillot de corps lö ma'jo d‿kɔr
Unterwäsche	les dessous *m/ pl* le dö'ßu
Weste	le gilet lö schi'lä

Schuhgeschäft

Ich möchte ein Paar … — **Je voudrais une paire de …** schö wu'drä ün pär dö …

Quelle est votre pointure? — Welche Schuhgröße haben Sie?

Ich habe Schuhgröße … — **Ma pointure est …** ma poẽ'tür ä …

Der Absatz ist zu *hoch / niedrig*. — **Le talon est trop *haut / plat*.** lö ta'lõ ä tro *o / pla*.

Sie sind zu *groß / klein*. — **Elles sont trop *grandes / petites*.** äl ßõ tro *grãd / pö'tit*.

Sie drücken hier.	Elles me serrent ici. äl mö ßär i'ßi.
Bitte (erneuern Sie) die Absätze.	(Réparez) les talons, s'il vous plaît. (repa're) le ta'lõ, ßil wu plä.
Bitte (erneuern Sie) die Sohlen.	Un ressemelage, s'il vous plaît. ẽ rößöm'lasch, ßil wu plä.

Schuhgeschäft: weitere Wörter

Badeschuhe	les sandales *f/ pl* de bain le ßä'dal dö bẽ
Bergschuhe	les chaussures *f/ pl* de montagne le scho'ßür dö mõ'tanj
Einlegsohlen	les semelles *f/ pl* le ßö'mäl
eng	serré ße're
Größe	la pointure la poẽ'tür
Gummistiefel	les bottes *f/ pl* en caoutchouc le bɔt ã kau'tschu
Halbschuhe	les chaussures *f/ pl* de ville le scho'ßür dö wil
Ledersohle	la semelle en cuir la ßö'mäl ã küir
Pumps	les escarpins *m/ pl* les‿äßkar'pẽ
Sandalen	les sandales *f/ pl* le ßã'dal
Schnürsenkel	les lacets *m/ pl* le la'ßä
Schuhcreme	le cirage lö ßi'rasch
Schuhe	les chaussures *f/ pl* le scho'ßür
Schuhputzmittel	les produits *m/ pl* pour l'entretien des chaussures le prɔ'düi pur lãtrö'tjẽ de scho'ßür
Stiefel	les bottes *f/ pl* le bɔt
Turnschuhe	les baskets *m/ pl* le baß'kät
Wanderschuhe	les chaussures *f/ pl* de randonnée le scho'ßür dö rãdɔ'ne
Wildleder	le chamois lö scha'moa

Uhren und Schmuck

Ich brauche eine neue Batterie für die Uhr.
J'ai besoin d'une pile neuve pour cette montre. schä bö'soẽ dün pil nöw pur ßät 'mõtrö.

Ich suche ein hübsches *Andenken / Geschenk*.
Je cherche un joli *souvenir / cadeau*. schö schärsch ẽ schɔ'li *ßuw'nir / ka'do*.

Dans quel prix ?
Wie viel darf es denn kosten?

Woraus ist das?
C'est en quoi ? ßät‿ã koa?

Uhren und Schmuck: weitere Wörter

Anhänger	**le pendentif** lö pãdã'tif
Armband	**le bracelet** lö braß'lä
Brosche	**la broche** la brɔsch
Diamant	**le diamant** lö dja'mã
Gold	**l'or** *m* lɔr
Karat	**le carat** lö ka'ra
Kette	**la chaîne** la schän
Modeschmuck	**le bijou fantaisie** lö bi'schu fãtä'si
Ohrklipse	**les boucles** *f/ pl* **d'oreille à clips** le 'buklö do'räj a klip
Ohrringe	**les boucles** *f/ pl* **d'oreille** le 'buklö do'räj
Perle	**la perle** la 'pärlö
Ring	**la bague** la bag
Schmuck	**les bijoux** *m/ pl* le bi'schu
Silber	**l'argent** *m* lar'schã
Uhr	**la montre** la 'mõtrö
Uhrarmband	**le bracelet de montre** lö braß'lä dö 'mõtrö
vergoldet	**doré** do're
Wecker	**le réveil** lö re'wäj

Körperpflege

allergiegetestet	anallergique analär'schik
Binden *(Damenbinden)*	les serviettes *f/ pl* hygiéniques le ßär'wjät ischje'nik
Bürste	la brosse la brɔß
Deo	le déodorant lö deɔdɔ'rã
Duschgel	le gel douche lö schäl dusch
Haargel	le gel coiffant lö schäl koa'fã
Haargummi	l'élastique *m* à cheveux lelaß'tik a schö'wö
Haarklammern	les pinces *f/ pl* à cheveux le pẽß a schö'wö
Haarspange	la barrette la ba'rät
Haarspray	la laque à cheveux la lak‿a schö'wö
Handcreme	la crème de soins pour mains la kräm dö ßoẽ pur le mẽ
Kajalstift	le crayon khôl lö krä'jõ kol
Kamm	le peigne lö pänj
Kondome	les préservatifs *m/ pl* le presärwa'tif
Körperlotion	la lotion corporelle la lo'ßjõ kɔrpɔ'räl
Kosmetiktücher	les disques *m/ pl* à démaquiller le dißk a demaki'je
Lichtschutzfaktor	le facteur de protection solaire lö fak'tör dö prɔtäk'ßjõ ßɔ'lär
Lidschatten	l'ombre *f* à paupières lõbr‿a po'pjär
Lippenpflegestift	le stick à lèvres lö ßtik a 'läwrö
Lippenstift	le rouge à lèvres lö rusch‿a 'läwrö
Mückenschutz	la protection anti-moustiques la prɔtäk'ßjõ ãtimuß'tik
Nachtcreme	la crème de nuit la kräm dö nüi
Nagelbürste	la brosse à ongles la brɔß‿a 'õglö
Nagelfeile	la lime à ongles la lim‿a 'õglö
Nagellack	le vernis à ongles lö wär'ni a 'õglö
Nagellackentferner	le dissolvant lö dißɔl'wã

Nagelschere	les ciseaux *m/ pl* à ongles le ßi'so a 'õglö
Papiertaschentücher	les mouchoirs *m/ pl* en papier le mu'schoar ã pa'pje
Parfüm	le parfum lö par'fẽ
parfümfrei	non parfumé nõ parfü'me
Pflaster	le pansement adhésif lö pãß'mã ade'sif
Pinzette	la pince à épiler la pẽß‿a epi'le
Rasierklinge	la lame de rasoir la lam dö ra'soar
Rasierschaum	la mousse à raser la muß‿a ra'se
Reinigungsmilch	le lait démaquillant lö lä demaki'jã
Rouge	le blush lö blösch
Schaumfestiger	la mousse renforçatrice la muß rãfɔrßa'triß
Seife	le savon lö ßa'wõ
Shampoo	le shampooing lö schã'poẽ
Sonnencreme	la crème solaire la kräm ßɔ'lär
Sonnenmilch	le lait solaire lö lä ßɔ'lär
Spiegel	le miroir lö mi'roar
Tagescreme	la crème de jour la kräm dö schur
Tampons	les tampons *m/ pl* le tã'põ
Toilettenpapier	le papier hygiénique lö pa'pje ischje'nik
Waschlappen	le gant de toilette lö gã dö toa'lät
Waschmittel	le détergent lö detär'schã
Watte	le coton lö ko'tõ
Wattestäbchen	les Cotons-Tiges *m/ pl (Wz)* le kotõ'tisch
Wimperntusche	le rimmel lö ri'mäl
Zahnbürste	la brosse à dents la brɔß‿a dã
Zahnpasta	le dentifrice lö dãti'friß
Zahnseide	le fil dentaire lö fil dã'tär
Zahnstocher	le cure-dents lö kür'dã

Haushalt

Alufolie	l'aluminium *m* ménager lalümi'njɔm mena'sche
Besen	le balai lö ba'lä
Brennspiritus	l'alcool *m* à brûler lal'kɔl a brü'le
Dosenöffner	l'ouvre-boîte *m* luwrö'boat
Eimer	le seau lö ßo
Feuerzeug	le briquet lö bri'kä
Flaschenöffner	le décapsuleur lö dekapßü'lör
Fleckenentferner	le détachant lö deta'schã
Frischhaltefolie	le film fraîcheur lö film frä'schör
Gabel	la fourchette la fur'schät
Glas	le verre lö wär
Glühlampe	l'ampoule *f* (electrique) lã'pul (eläk'trik)
Grillanzünder	l'allume-feu *m* la'lüm‿'fö
Grillkohle	le charbon de bois lö schar'bõ dö boa
Insektenspray	le spray anti-insectes lö ßprä ãtiẽ'ßäktö
Kerzen	les bougies *f* le bu'schi
Korkenzieher	le tire-bouchon lö tirbu'schõ
Küchenrolle	le rouleau de papier (absorbant) lö ru'lo dö pa'pje (apßɔr'bã)
Kühltasche	la glacière la gla'ßjär
Löffel	la cuillère la küi'jär
Messer	le couteau lö ku'to
Moskitospirale	la spirale anti-moustiques la ßpi'ral ãtimuß'tik
Nähgarn	le fil à coudre lö fil‿a 'kudrö
Nähnadel	l'aiguille *f* à coudre lä'güij‿a 'kudrö
Pfanne	la poêle la poal
Plastikbecher	le gobelet en plastique lö gɔb'lä ã plaß'tik

Plastikbesteck	les couverts *m/ pl* en plastique le ku'wär‿ã plaß'tik
Plastikteller	l'assiette *f* en plastique la'ßjät‿ã plaß'tik
Reinigungsmittel	les produits *m/ pl* de nettoyage le prɔ'düi dö netoa'jasch
Schere	les ciseaux *m/ pl* le ßi'so
Servietten	les serviettes *f/ pl* le ßär'wjät
Sicherheitsnadel	l'épingle *f* de sûreté le'pẽglö dö ßür'te
Spülmittel	le liquide vaisselle lö li'kid wä'ßäl
Spültuch	la lavette la la'wät
Streichhölzer	les allumettes *f/ pl* les‿alü'mät
Taschenmesser	le couteau de poche lö ku'to dö pɔsch
Tasse	la tasse la taß
Teller	l'assiette *f* la'ßjät
Thermosflasche	le thermos lö tär'moß
Topf	la casserole la kaß'rɔl
Wäscheklammern	les pinces *f/ pl* à linge le pẽß a lẽsch
Wäscheleine	la corde à linge la kɔrd‿a lẽsch
Waschpulver	la lessive la lä'ßiw
Wischlappen	le chiffon lö schi'fõ

Elektroartikel

Adapter	l'adaptateur *m* ladapta'tör
Batterie	la pile la pil
Föhn *(Wz)*	le sèche-cheveux lö ßäsch schö'wö
Rasierapparat	le rasoir lö ra'soar
Taschenlampe	la lampe de poche la lãp dö pɔsch
Taschenrechner	la calculette la kalkü'lät
Tauchsieder	le thermoplongeur lö tärmoplõ'schör
Verlängerungsschnur	la rallonge la ra'lõsch
Wecker	le réveil lö re'wäj

Optiker

Meine Brille ist kaputt.	**Mes lunettes sont cassées.** me lü'nät ßõ ka'ße.
Können Sie das reparieren?	**Pouvez-vous réparer cela ?** puwe'wu repa're ßö'la?
Ich hätte gerne Eintageslinsen.	**J'aimerais avoir des lentilles journalières jetables.** schäm'rä a'woar de lã'tij schurna'ljär schö'tablö.
Avez-vous un carnet pour les *lunettes / lentilles* ?	Haben Sie einen *Brillenpass / Kontaktlinsenpass*?
Combien de dioptries avez-vous ?	Wie viel Dioptrien haben Sie?
Ich habe links … Dioptrien und rechts … Dioptrien.	**J'ai … dioptries à gauche et … dioptries à droite.** schä … diɔp'tri a gosch et … diɔp'tri a droat.
Ich möchte eine Sonnenbrille.	**Je voudrais des lunettes de soleil.** schö wu'drä de lü'nät dö ßɔ'läj.
Ich habe eine Kontaktlinse verloren.	**J'ai perdu une lentille de contact.** schä pär'dü ün lã'tij dö kõ'takt.
Ich brauche Aufbewahrungslösung für *harte / weiche* Kontaktlinsen.	**Il me faudrait une solution de conservation pour lentilles *dures / souples*.** il mö fo'drä ün ßɔlü'ßjõ dö kõßärwa'ßjõ pur lã'tij *dür / 'ßuplö*.
Ich brauche Reinigungslösung für *harte / weiche* Kontaktlinsen.	**Il me faudrait une solution de nettoyage pour lentilles *dures / souples*.** il mö fo'drä ün ßɔlü'ßjõ dö netoa'jasch pur lã'tij *dür / 'ßuplö*.

Fotoartikel

Ich hätte gern …	Je voudrais … schö wu'drä …
– eine Speicherkarte für diesen Apparat mit … *MB / GB*.	– une carte mémoire pour cet appareil avec … *MB / GB*. ün 'kart me'moar pur ßät‿apa'räj a'wäk … *mega'bait / schiga'bait*.
– einen Film für diesen Apparat.	– une pellicule pour cet appareil. ün päli'kül pur ßät‿apa'räj.
– einen Farb-Negativfilm.	– une pellicule couleurs. ün päli'kül ku'lör.
– einen Diafilm.	– une pellicule pour diapositives. ün päli'kül pur djaposi'tiw.
– einen Film mit … ASA.	– une pellicule avec … ASA. ün päli'kül a'wäk … a'sa.
Ich hätte gerne Batterien für diesen Apparat.	Je voudrais des piles pour cet appareil. schö wu'drä de pil pur ßät‿apa'räj.
Wann sind die Bilder fertig?	Les photos seront prêtes quand ? le fɔ'to ßö'rõ prät kã?
Ich möchte diesen Film entwickeln lassen.	Je voudrais faire développer cette pellicule. schö wu'drä fär dewlɔ'pe ßät peli'kül.
Können Sie meinen Fotoapparat reparieren?	Vous pouvez réparer mon appareil photo ? wu pu'we repa're mõn‿apa'räj fɔ'to?
Der Auslöser funktioniert nicht.	Le déclencheur ne fonctionne pas. lö deklã'schör nö fõk'ßjɔn pa.
Das Blitzlicht funktioniert nicht.	Le flash ne fonctionne pas. lö flasch nö fõk'ßjɔn pa.

Er transportiert nicht. — **Il bloque.** il blɔk.

Ich möchte gerne Passbilder machen lassen. — **Je voudrais faire faire des photos d'identité.** schö wu'drä fär fär de fɔ'to didãti'te.

Fotoartikel: weitere Wörter

Akkus	**les accus** les a'kü
Batterien	**les piles** les pil
Bild	**la photo** la fɔ'to
Blitz	**le flash** lö flasch
Camcorder	**le caméscope** lö kameß'kɔp
Digitalkamera	**l'appareil *m* photo numérique** lapa'räj fɔ'to nüme'rik
filmen	**filmer** fil'me
Filmkamera	**la caméra** la kame'ra
Filter	**le filtre** lö 'filtrö
Fototasche	**l'étui d'appareil photo** le'tüi dapa'räj fɔ'to
Objektiv	**l'objectif *m*** lɔbschäk'tif
Selbstauslöser	**le déclencheur automatique** lö deklã'schör ɔtɔma'tik
Sonnenblende	**pare-soleil** parßɔ'läj
Speicherkarte	**la carte mémoire** la kart me'moar
Spiegelreflexkamera	**le réflex** lö re'fläkß
Stativ	**le trépied** lö tre'pje
Teleobjektiv	**le téléobjectif** lö teleɔbschäk'tif
UV-Filter	**le filtre UV** lö filtr üwe
Videokamera	**la caméra vidéo** la kame'ra wide'o
Videokassette	**la vidéocassette** la wideoka'ßät
Weitwinkelobjektiv	**l'objectif *m* grand angle** lɔbschäk'tif grãt‿'ãglö
Zoomobjektiv	**le zoom** le sum

Musik

Haben Sie *CDs/ Kassetten* von ...?

Vous avez des *CD/cassettes* de ... ? wus‿a'we de *ße'de/ka'ßät* dö ...?

Ich hätte gerne eine CD mit traditioneller französischer Musik.

Je cherche un CD de musique traditionnelle française. schö schärsch ẽ ße'de dö mü'sik tradißjɔ'näl frã'ßäs.

Musik: weitere Wörter

CD	le CD lö ße'de
CD-Spieler, tragbarer	le lecteur de CD portable lö läk'tör dö ße'de pɔr'tablö
DVD	le DVD lö dewe'de
Kassette	la cassette la ka'ßät
Kopfhörer	les écouteurs les‿eku'tör
MP3-Spieler	le lecteur MP3 lö läk'tör ämpe'troa
Musik	la musique la mü'sik
Radio	la radio la ra'djo
USB-Stick	la clé USB la kle üäßbe
Walkman *(Wz)*	le baladeur lö bala'dör

Bücher und Schreibwaren

Ich hätte gerne ...

Je voudrais ... schö wu'drä ...

- eine (deutsche) Zeitung.
- eine (deutsche) Zeitschrift.
- eine Karte der Umgebung.
- einen Stadtplan.

- un journal (allemand). ẽ schur'nal (al'mã).
- un magazine (allemand). ẽ maga'sin (al'mã).
- une carte de la région. ün kart dö la re'schjõ.
- un plan de la ville. ẽ plã dö la wil.

Haben Sie auch eine neuere Zeitung? — Vous auriez aussi un journal plus récent ? wus‿o'rje o'ßi ẽ schur'nal plü re'ßã?

Haben Sie deutsche Bücher? — Avez-vous des livres en allemand ? awe'wu de liwr ãn‿al'mã?

Bücher und Zeitschriften

Illustrierte	le magazine illustré *m* lö maga'sin ilüß'tre
Kochbuch	le livre de cuisine lö 'liwrö dö küi'sin
Krimi	le policier lö pɔli'ßje
Radtourenkarte	la carte de randonnées cyclistes la kart dö rãdɔ'ne ßi'klißtö
Reiseführer	le guide de voyage lö gid dö woa'jasch
Roman	le roman lö rɔ'mã
Straßenkarte	la carte routière la kart ru'tjär
Wanderkarte	la carte de randonnées pédestres la kart dö rãdɔ'ne pe'däßtrö
Wörterbuch	le dictionnaire lö dikßjɔ'när

Schreibwaren

Ansichtskarte	la carte postale la kart pɔß'tal
Bleistift	le crayon lö krä'jõ
Briefpapier	le papier à lettres lö pa'pje a 'lätrö
Briefumschlag	l'enveloppe *f* lãw'lɔp
Diskette	la disquette la diß'kät
Druckerpatrone	la cartouche d'imprimante la kar'tusch dẽpri'mãt
Filzstift	le feutre lö 'fötrö
Klebeband	le ruban adhésif lö ru'bã ade'sif

Klebstoff	la colle la kɔl
Kugelschreiber	le stylo bille lö ßti'lo bij
Papier	le papier lö pa'pje
Radiergummi	la gomme la gɔm
Schreibblock	le bloc-notes lö blɔk nɔt
Spielkarten	les cartes *f/ pl* à jouer le kart a schu'e
Spitzer	le taille-crayon lö tajkrä'jõ

Tabakwaren

Eine Schachtel Zigaretten *mit/ohne* Filter, bitte.	Un paquet de cigarettes *avec/ sans* filtres, s'il vous plaît. ẽ pa'kä dö ßiga'rät *a'wäk/ßã* 'filtrö, ßil wu plä.
Eine *Schachtel/ Stange* …, bitte.	*Un paquet/Une cartouche* de …, s'il vous plaît. *ẽ pa'kä/ün kar'tusch* dö …, ßil wu plä.
Sind diese Zigaretten *stark/leicht*?	Ces cigarettes sont *fortes/légères*? ße ßiga'rät ßõ *fort/le'schär*?
Ein Päckchen *Pfeifentabak/ Zigarettentabak*, bitte.	Un paquet de tabac *pour pipe/ à cigarettes*, s'il vous plaît. ẽ pa'kä dö ta'ba *pur pip/a ßiga'rät*, ßil wu plä.
Ein Feuerzeug/Einmal Streichhölzer, bitte.	*Un briquet/Une boîte d'allumettes*, s'il vous plaît. *ẽ bri'kä/ün boat dalü'mät*, ßil wu plä.

Tabakwaren: weitere Wörter

Pfeife	la pipe la pip
Pfeifenreiniger	le cure-pipe lö kür'pip
Zigarillos	les cigarillos *m/ pl* le ßigari'jo
Zigarren	les cigares *m/ pl* le ßi'gar

Sport und Entspannung

Wo geht es zum Strand?
Comment va-t-on à la plage ?

Ich möchte einen Sonnenschirm ausleihen.
Je voudrais louer un parasol.

Erholungsurlaub

Strand und Schwimmbad

Wo geht es zum Strand?	Comment va-t-on à la plage ? kɔ'mã wa‿tõ a la plasch?
Darf man hier baden?	On peut se baigner ici ? õ pö ßö bä'nje i'ßi?
Gibt es hier Strömungen?	Est-ce qu'il y a des courants ici ? äß‿kil‿ja de ku'rã i'ßi?
Wann ist *Ebbe / Flut*?	Quelle est l'heure de la marée *basse / haute* ? käl‿ä lör dö la ma're *baß / ot*?
Gibt es hier Quallen?	Est-ce qu'il y a des méduses ici ? äß‿kil‿ja de me'düs i'ßi?
Ich möchte … ausleihen.	Je voudrais louer … schö wu'drä lu'e …
– einen Liegestuhl	– une chaise longue. ün schäs lõg.
– einen Sonnenschirm	– un parasol. ẽ para'ßɔl.
– ein Boot	– un bateau. ẽ ba'to.
Ich möchte einen *Tauchkurs / Windsurfkurs* machen.	Je voudrais suivre un cours de *plongée / planche à voile*. schö wu'drä ßüiwr ẽ kur dö *plõ'sche / plãsch‿a woal*.
Kann man mit einem Fischerboot mitfahren?	Est-ce qu'on peut se faire emmener par un pêcheur ? äß‿kõ pö ßö fär ãm'ne par ẽ pä'schör?
Wie viel kostet es pro *Stunde / Tag*?	Quel est le tarif pour *une heure / une journée* ? käl ä lö ta'rif pur *ün‿ör / ün schur'ne*?

Würden Sie bitte kurz auf meine Sachen aufpassen?	Vous pourriez surveiller mes affaires un instant, s'il vous plaît ? wu pu'rje ßürwä'je mes‿a'fär ẽn‿ẽß'tã, ßil wu plä?
Gibt es hier ein *Freibad / Hallenbad*?	Est-ce qu'il y a une piscine *découverte / couverte* ici ? äß‿kil‿ja ün pi'ßin *deku'wärt / ku'wärt* i'ßi?
Welche Münzen brauche ich für *das Schließfach / den Haartrockner*?	Pour le *vestiaire / sèche-cheveux*, qu'est-ce qu'il me faut comme pièces ? pur lö *wäß'tjär / ßäsch schö'wö*, käß‿kil mö fo kɔm pjäß?
Ich möchte … ausleihen.	Je voudrais louer … schö wu'drä lu'e …
– eine Badekappe	– un bonnet de bain. ẽ bɔ'nä dö bẽ.
– eine Schwimmbrille	– des lunettes de piscine. de lü'nät dö pi'ßin.
– ein Handtuch	– une serviette de bain. ün ßär'wjät dö bẽ.
Wo ist *der Bademeister / die Erste-Hilfe-Station*?	Où est le *maître-nageur / poste de secours* ? u ä lö *'mätrö na'schör / pɔßt dö ßö'kur*?

Strand und Schwimmbad: weitere Wörter

baden	se baigner ßö bä'nje
Bootsverleih	la location de bateaux la lɔka'ßjõ dö ba'to
Dusche	la douche la dusch
FKK-Strand	la plage naturiste la plasch natü'rißt
Luftmatratze	le matelas pneumatique lö mat'la pnöma'tik

Meer	la mer la mär
Motorboot	le bateau à moteur lö ba'to a mɔ'tör
Muscheln	les coquillages *m/ pl* le kɔki'jasch
Nichtschwimmer	le non-nageur lö nõna'schör
Rettungsring	la bouée de sauvetage la bu'e dö ßow'tasch
Ruderboot	le bateau à rames lö ba'to a ram
Sand	le sable lö 'ßablö
Sandstrand	la plage de sable la plasch dö 'ßablö
Schatten	l'ombre *f* 'lõbrö
Schlauchboot	le bateau pneumatique lö ba'to pnöma'tik
Schnorchel	le tube de plongée lö tüb dö plõ'sche
Schwimmbad	la piscine la pi'ßin
schwimmen	nager na'sche
Schwimmflossen	les palmes *f/ pl* le palm
Schwimmflügel	les brassards *m/ pl* de natation le bra'ßar dö nata'ßjõ
See *(Binnengewässer)*	le lac lö lak
Seeigel	l'oursin *m* lur'ßẽ
Segelboot	le voilier lö woa'lje
segeln	faire de la voile fär dö la woal
Sonne	le soleil lö ßɔ'läj
Sonnenbrille	les lunettes *f/ pl* de soleil le lü'nät dö ßɔ'läj
Sonnencreme	la crème solaire la kräm ßɔ'lär
Spielwiese	l'aire *f* de jeux lär dö schö
Sprungbrett	le tremplin lö trã'plẽ
Strandbad	la plage gardée la plasch gar'de
Strandkorb	le fauteuil-cabine (en osier) lö fo'töj ka'bin (ãn‿o'sje)
Sturmwarnung	l'avis *m* de tempête la'wi dö tã'pät
Surfbrett	la planche à voile la plãsch‿a woal
tauchen	plonger plõ'sche

Taucheranzug	la combinaison de plongée la kõbinä'sõ dö plõ'sche
Taucherausrüstung	l'équipement *m* de plongée lekip'mã dö plõ'sche
Taucherbrille	les lunettes *f/ pl* de plongée le lü'nät dö plõ'sche
Tretboot	le pédalo lö peda'lo
Umkleidekabine	la cabine la ka'bin
Wasser	l'eau *f* lo
Wasserball	le ballon de plage lö ba'lõ dö plasch
Wasserski	le ski nautique lö ßki no'tik
Welle	la vague la wag
Wellenbad	la piscine à vagues la pi'ßin‿a wag

Ballspiele und weitere Spiele

Darf ich mitspielen?	Je peux jouer avec vous ? schö pö schu'e a'wäk wu?
Wir hätten gern einen Squashcourt für eine (halbe) Stunde.	Nous voudrions retenir un court de squash pour une (demi-)heure. nu wudri'jõ rötö'nir ẽ kur dö ßkoasch pur ün (dömi)ör.
Wir hätten gern einen *Tennisplatz / Badmintonplatz* für eine (halbe) Stunde.	Nous voudrions retenir un court de *tennis / badminton* pour une (demi-)heure. nu wudri'jõ rötö'nir ẽ kur dö *te'niß / badmin'tɔn* pur ün (dömi)ör.
Wo kann man hier *Bowling / Billard* spielen?	Où est-ce qu'on peut jouer au *bowling / billard* ici ? u äß‿kõ pö schu'e o *bu'ling / bi'jar* i'ßi?
Ich möchte … ausleihen.	Je voudrais louer … schö wu'drä lu'e …

Spiele: weitere Wörter

Ball *(größer)*	le ballon lö ba'lõ
Ball *(klein)*	la balle la bal
Basketball	le basket lö baß'kät
Beach-Volleyball	le beach-volley lö bitschwɔ'le
Boule-Kugel	la boule (de pétanque) la bul (dö pe'tãk)
Federball *(Spiel)*	le badminton lö badmin'tɔn
Fußball *(Ball)*	le football lö fut'bol
Golfplatz	le terrain de golf lö te'rẽ dö gɔlf
Handball	le handball lö ãd'bal
Kegelbahn	le bowling lö bu'ling
kegeln	jouer aux quilles schu'e o kij
Mannschaft	l'équipe *f* le'kip
Minigolfplatz	le mini-golf lö mini'gɔlf
Schiedsrichter	l'arbitre *m* lar'bitrö
Sieg	la victoire la wik'toar
Spiel	le jeu lö schö
spielen	jouer schu'e
Squash	le squash lö ßkoasch
Squashball	la balle de squash la bal dö ßkoasch
Squashschläger	la raquette de squash la ra'kät dö ßkoasch
Tennis	le tennis lö te'niß
Tennisball	la balle de tennis la bal dö te'niß
Tennisschläger	la raquette de tennis la ra'kät dö te'niß
Tischtennis	le ping-pong lö ping'põng
Tor	les buts *m/ pl* le bü(t)
Tor *(Treffer)*	le but lö bü(t)
Torwart	le gardien de but lö gar'djẽ dö büt
unentschieden	match nul matsch nül
verlieren	perdre 'pärdrö
Volleyball	le volley lö wɔ'lä

Schlechtwetteraktivitäten

Haben Sie *Spielkarten* / *Gesellschaftsspiele*?
Vous avez des *cartes à jouer* / *jeux de société* ? wus‿a'we de *kart‿a schu'e* / *schö dö ßɔßje'te*?

Können wir ein Schachspiel ausleihen?
Pouvons-nous louer un jeu d'échec ? puwõ'nu lu'e ẽ schö de'schäk?

Gibt es hier *eine Sauna* / *ein Fitness-studio*?
Est-ce qu'il y a *un sauna* / *un club de sport* ici ? äß‿kil‿ja *ẽ ßo'na* / *ẽ klöb dö ßpor* i'ßi?

Bieten Sie auch *Aerobicstunden* / *Gymnastikstunden* an?
Est-ce que vous proposez aussi des cours *d'aérobic* / *de gymnastique* ? äß‿kö wu propo'se o'ßi de kur *daero'bik* / *dö schimnaß'tik*?

► für Hallenbad: *Strand und Schwimmbad,* Seite 130
► für Museen: *Besichtigungen, Ausflüge,* Seite 145
► für Kino: *Kulturveranstaltungen,* Seite 150
► *Internet-Café,* Seite 74

Aktivurlaub

Wandern und Trekking

Ich möchte *wandern nach …* / *auf den … steigen.*
Je voudrais *aller à* / *monter sur le* … schö wu'drä *a'le a* / *mõ'te ßür lö* …

Können Sie mir eine *leichte* / *mittelschwere* Tour empfehlen?
Vous pourriez me recommander une randonnée *facile* / *de difficulté moyenne* ? wu pu'rje mö rökɔmã'de ün rãdɔ'ne *fa'ßil* / *dö difikül'te moa'jän*?

Wie lange dauert sie ungefähr?
Combien de temps dure-t-elle environ ? kõ'bjẽ dö tã dür‿täl ãwi'rõ?

Ist der Weg gut *markiert / gesichert*?	**Le chemin est bien *balisé / protégé* ?** lö schö'mẽ ä bjẽ *bali'se / prɔte'sche*?
Kann ich in diesen Schuhen gehen?	**Est-ce que je peux y aller avec ces chaussures ?** äß‿kö schö pö j‿a'le a'wäk ße scho'ßür?
Gibt es geführte Touren?	**Est-ce qu'il y a des randonnées guidées ?** äß‿kil‿ja de rãdɔ'ne gi'de?
Um wie viel Uhr fährt die letzte Bahn hinunter?	**A quelle heure descend le dernier téléphérique ?** a käl‿ör de'ßã lö där'nje telefe'rik?
Sind wir hier auf dem richtigen Weg nach …?	**Est-ce que c'est le bon chemin pour aller à … ?** äß‿kö ßä lö bõ schö'mẽ pur a'le a …?
Wie weit ist es noch bis …?	**C'est encore loin jusqu'à … ?** ßät‿ã'kɔr loẽ schüßka …?

Wandern und Trekking: weitere Wörter

Berg	**la montagne** la mõ'tanj
Bergführer	**le guide de montagne** lö gid dö mõ'tanj
Bergschuhe	**les chaussures *f/ pl* de montagne** le scho'ßür dö mõ'tanj
Bergsteigen	**l'alpinisme *m*** lalpi'nismö
Bergwacht	**les secours *m/ pl* (en montagne)** le ßö'kur (ã mõ'tanj)
Gipfel	**le sommet** lö ßɔ'mä
Hütte	**le chalet** lö scha'lä
joggen	**faire du jogging** fär dü dschɔ'ging
Jogging	**le jogging** lö dschɔ'ging
klettern	**escalader** äßkala'de

Proviant	les vivres le 'wiwrö
Schlucht	les gorges *f/ pl* le gɔrsch
Schutzhütte	le refuge lö rö'füsch
schwindelfrei sein	ne pas avoir le vertige nö pas‿a'woar lö wär'tisch
Seil	la corde la kɔrd
Seilbahn	le téléphérique lö telefe'rik
Sessellift	le télésiège lö tele'ßjäsch
Steigeisen	les crampons *m/ pl* le krã'põ
Teleskopstöcke	les bâtons *m/ pl* télescopiques le ba'tõ teleßko'pik
Wanderkarte	la carte de randonnée la kart dö rãdɔ'ne
wandern	faire des randonnées fär de rãdɔ'ne
Wanderschuhe	les chaussures *f/ pl* de randonnée le scho'ßür dö rãdɔ'ne
Wanderweg	le sentier de randonnée lö ßã'tje dö rãdɔ'ne

Rad fahren

Ich möchte ein *Fahrrad / Mountainbike* mieten.	Je voudrais louer *un vélo / une mountain bike.* schö wu'drä lu'e ẽ *we'lo / ün maun'tin 'baik.*
Ich hätte gern ein Fahrrad mit … Gängen.	Je voudrais un vélo avec … vitesses. schö wu'drä ẽ we'lo a'wäk … wi'täß.
Haben Sie auch ein Fahrrad mit Rücktritt?	Avez-vous aussi un vélo avec rétropédalage ? awe'wu o'ßi ẽ we'lo a'wäk retropeda'lasch?
Können Sie mir die Sattelhöhe einstellen?	Pourriez-vous me régler la hauteur de la selle ? purje'wu mö re'gle la o'tör dö la ßäl?

Ich möchte es für ... mieten.	**Je voudrais le louer pour ...** schö wu'drä lö lu'e pur ...
– einen Tag – zwei Tage – eine Woche	**– une journée.** ün schur'ne. **– deux jours.** dö schur. **– une semaine.** ün ßö'män.
Bitte geben Sie mir auch einen Fahrradhelm.	**Donnez-moi aussi un casque (de vélo), s'il vous plaît.** dɔne'moa o'ßi ẽ kaßk (dö we'lo), ßil wu plä.
Haben Sie eine Radkarte?	**Avez-vous une carte de randonnée à vélo ?** awe'wu ün kart dö rãdɔ'ne a we'lo?

Rad fahren: weitere Wörter

Fahrradflickzeug	**le set de réparation pour vélo** lö ßät dö repara'ßjõ pur we'lo
Fahrradkorb	**le panier porte-bagages** lö pa'nje pɔrtba'gasch
Handbremse	**le frein à main** lö frẽ a mẽ
Kinderfahrrad	**le vélo pour enfant** lö we'lo pur ã'fã
Kindersitz	**le siège pour enfant** lö ßjäsch pur ã'fã
Licht	**le feu** lö fö
Luftpumpe	**la pompe à air** la põp‿a är
Radweg	**la piste cyclable** la pißt ßi'klablö
Reifen	**le pneu** lö pnö
Reifenpanne	**l'éclatement de pneu** leklat'mã dö pnö
Rücklicht	**le feu arrière** lö fö a'rjär
Sattel	**la selle** la ßäl
Satteltaschen	**les sacoches** *f/ pl* le ßa'kɔsch
Schlauch	**la chambre à air** la schãbr‿a är
Ventil	**la valve** la 'walwö
Vorderlicht	**le feu avant** lö fö a'wã

Adventure-Sports

Ballonfliegen	le ballon lö ba'lõ
Bungee-Jumping	le saut à l'élastique lö ßo a lelaß'tik
Drachenfliegen	le deltaplane lö dälta'plan
Fallschirmspringen	le saut en parachute lö ßo ã para'schüt
Freeclimbing	la varappe la wa'rap
Gleitschirmfliegen	le parapente lö para'pãt
Kajak	le kayak lö ka'jak
Kanu	le canoë lö kano'e
Paragliding	le parapente lö para'pãt
Rafting	le rafting lö raf'ting
Regatta	la régate la re'gat
reiten	faire du cheval fär dü schö'wal
Ruderboot	le bateau à rames lö ba'to a ram
Segelfliegen	le vol à voile lö wɔl a woal
Segelflugzeug	le planeur lö pla'nör
segeln	faire de la voile fär dö la woal
Thermik	le courant ascensionnel lö ku'rã aßãßjɔ'näl

Wintersport

Ich möchte einen Skipass für …	Je voudrais un forfait pour … schö wu'drä ẽ fɔr'fä pur …
– einen (halben) Tag.	– une (demi-)journée. ün (dö'mi)schur'ne
– zwei Tage.	– deux jours. dö schur.
– eine Woche.	– une semaine. ün ßö'män.
Ab wie viel Uhr gilt der Halbtagespass?	Le forfait demi-journée est valable à partir de quelle heure ? lö fɔr'fä dömischur'ne ä wa'labl‿a par'tir dö käl‿ör?

Ab/*Bis* wie viel Uhr gehen die Lifte?	**Les remontées marchent *à partir de*/*jusqu'à* quelle heure?** le römõ'te marsch *a par'tir dö*/*schüßka* käl‿ör?
Ich möchte einen Skikurs machen.	**Je voudrais m'inscrire à un cours de ski.** schö wu'drä mẽß'krir a ẽ kur dö ßki.
Ich möchte … ausleihen.	**Je voudrais louer** … schö wu'drä lu'e …
– Langlaufski	**– des skis de fond.** de ßki dö fõ.
– Langlaufschuhe	**– des chaussures de ski de fond** de scho'ßür dö ßki dö fõ
– Alpinski	**– des skis de descente.** de ßki dö de'ßãt.
– Skischuhe Größe …	**– des chaussures de ski, pointure** … de scho'ßür dö ßki, poẽ'tür …
– ein Snowboard	**– un snowboard.** ẽ ßno'bɔrd.
– Schlittschuhe	**– des patins à glace** de pa'tẽ a glaß
– einen Schlitten	**– une luge.** ün lüsch.

Wintersport: weitere Wörter

Bindung	**la fixation** la fikßa'ßjõ
Eisstockschießen	**le curling** lö kör'ling
Lawine	**l'avalanche *f*** lawa'lãsch
Loipe	**la piste de ski de fond** la pißt dö ßki dö fõ
rodeln	**faire de la luge** fär dö la lüsch
Schlepplift	**le téléski** lö teleß'ki
Schnee	**la neige** la näsch
Sessellift	**le télésiège** lö tele'ßjäsch
Skibrille	**les lunettes *f*/ *pl* de ski** le lü'nät dö ßki
Skilehrer	**le moniteur de ski** lö mɔni'tör dö ßki
Skistöcke	**les bâtons *m*/ *pl* de ski** le ba'tõ dö ßki
Skiwachs	**le fart** lö far

Beauty und Wellness

Beim Friseur

Ich hätte gerne einen Termin für …	**Je voudrais un rendez-vous pour …** schö wu'drä ẽ rãde'wu pur …
Qu'est-ce qu'on vous fait ?	Was wird bei Ihnen gemacht?
Ich möchte …	**Je voudrais …** schö wu'drä …
– mir die Haare schneiden lassen.	**– me faire couper les cheveux.** mö fär ku'pe le schö'wö.
– eine Dauerwelle.	**– une permanente.** ün pärma'nãt.
– Strähnchen (machen).	**– (me faire) faire des mèches.** (mö fär) fär de mäsch.
– eine Tönung.	**– une teinture.** ün tẽ'tür.
Schneiden, waschen und föhnen, bitte.	**Une coupe, un shampooing et un brushing, s'il vous plaît.** ün kup, ẽ schã'poẽ e ẽ brö'sching, ßil wu plä.
Bitte nur schneiden.	**Une coupe seulement, s'il vous plaît.** ün kup ßöl'mã, ßil wu plä.
Nicht zu kurz, bitte.	**Pas trop court, s'il vous plaît.** pa tro kur, ßil wu plä.
Etwas kürzer, bitte.	**Un peu plus court, s'il vous plaît.** ẽ pö plü kur, ßil wu plä.
Ganz kurz, bitte.	**Très court, s'il vous plaît.** trä kur, ßil wu plä.
Den Scheitel bitte *links / rechts*.	**La raie à *gauche / droite*, s'il vous plaît.** la rä a *gosch / droat*, ßil wu plä.
Vielen Dank, so ist es gut.	**Merci beaucoup, c'est très bien.** mär'ßi bo'ku, ßä trä bjẽ.

Beim Friseur: weitere Wörter

Bart	la barbe la 'barbö
färben	faire une teinture fär ün tẽ'tür
föhnen	faire un brushing fär ẽ brö'sching
Frisur	la coiffure la koa'für
Gel	le gel lö schäl
Haarspray	la laque à cheveux la lak‿a schö'wö
Locken	les boucles *f/ pl* (de cheveux) le 'buklö (dö schö'wö)
rasieren	raser ra'se
Schnurrbart	la moustache la muß'tasch
waschen	faire un shampooing fär ẽ schã'poẽ

Wohlfühlprogramm

Algenbad	le bain aux algues lö bẽ os‿alg
Ayurveda	la médecine ayurvédique la med'ßin ajürwe'dik
Dampfbad	le bain de vapeur lö bẽ dö wa'pör
Fango	la boue la bu
Fußreflexzonenmassage	le massage des zones de réflexe du pied lö ma'ßasch de son dö re'fläkß dü pje
Kaltwasseranwendungen	l'hydrothérapie à l'eau froide lidrotera'pi a lo froad
Lymphdrainage	le drainage lymphatique lö drä'nasch lẽfa'tik
Massage	le massage lö ma'ßasch
Sauna	le sauna lö ßo'na
Schlammbad	le bain de boue lö bẽ dö bu
Solarium	le solarium lö ßɔla'rjɔm
Thermalbad	le bain thermal lö bẽ tär'mal
Wechselbäder	les bains alternés *m/ pl* (chauds et froids) le bẽ altär'ne (scho e froa)

Kultur und Nachtleben

Wo ist die Touristeninformation?
Où se trouve l'office du tourisme ?

Wo kann man hier tanzen gehen?
Où est-ce qu'on peut aller danser par ici ?

Sehenswertes

Touristeninformation

Wo ist die Touristeninformation?	**Où se trouve l'office du tourisme ?** u ßö truw lɔ'fiß dü tu'rismö?
Ich möchte …	**Je voudrais …** schö wu'drä …
– einen Stadtplan.	**– un plan de la ville.** ẽ plã dö la wil.
– einen U-Bahn-Plan.	**– un plan du métro.** ẽ plã dü me'tro.
– einen Veranstaltungskalender.	**– un calendrier des manifestations.** ẽ kalãdri'je de manifäßta'ßjõ.
Gibt es *Stadtrundfahrten / Stadtführungen*?	**Est-ce qu'il y a des *tours guidés de la ville / visites guidées de la ville* ?** äß‿kil‿ja de *tur gi'de dö la wil / wi'sit gi'de dö la wil*?
Haben Sie auch Prospekte auf Deutsch?	**Vous avez aussi des prospectus en allemand ?** wus‿a'we o'ßi de prɔßpäk'tüß ãn‿al'mã?
Was kostet die *Rundfahrt / Führung*?	**Combien coûte *le tour guidé / la visite guidée* ?** kõ'bjẽ kut *lö tur gi'de / la wi'sit gi'de*?
Bitte *eine Karte / zwei Karten* für die Stadtrundfahrt.	***Un billet / Deux billets*, s'il vous plaît, pour le tour guidé de la ville.** *ẽ bi'jä / dö bi'jä*, ßil wu plä, pur lö tur gi'de dö la wil.
Wann ist … geöffnet?	**Quelles sont les heures d'ouverture de … ?** käl ßõ les‿ör duwär'tür dö …?
Bitte für den Ausflug morgen nach … *einen Platz / zwei Plätze*.	***Une place / Deux places* pour l'excursion de demain à …, s'il vous plaît.** *ün plaß / dö plaß* pur läkßkür 'ßjõ dö dö'mẽ a …, ßil wu plä.

Wann / Wo treffen wir uns.	**Quand / Où est-ce que nous nous recontrons?** *kãt / u* äß‿kö nu nu rãkõtrõ?
Besichtigen wir auch …?	**Est-ce que nous allons aussi visiter …?** äß‿kö nus‿a'lõ o'ßi wisi'te …?

► *Zimmersuche,* Seite 26; *Öffentlicher Nahverkehr,* Seite 57; *Fragen nach dem Weg,* Seite 38

Besichtigungen, Ausflüge

Wann ist … geöffnet?	**Quelles sont les heures d'ouverture de …?** käl ßõ les‿ör duwär'tür dö …?
Wie viel kostet *der Eintritt / die Führung*?	**Combien coûte *l'entrée / la visite guidée*?** kõ'bjẽ kut *lã'tre / la wi'sit gi'de*?
Gibt es auch Führungen auf Deutsch?	**Est-ce qu'il y a aussi des visites guidées en allemand?** äß‿kil‿ja o'ßi de wi'sit gi'de ãn‿al'mã?
Gibt es eine Ermäßigung für …	**Est-ce qu'il y a une réduction pour …** äß‿kil‿ja ün redük'ßjõ pur …
– Familien?	**– les familles nombreuses?** le fa'mij nõ'brös?
– Kinder?	**– les enfants?** les‿ã'fã?
– Senioren?	**– les personnes du troisième âge?** le pär'ßɔn dü troa'sjäm‿asch?
– Studenten?	**– les étudiants?** les‿etü'djã?
Wann beginnt die Führung?	**A quelle heure commence la visite?** a käl‿ör kɔ'mãß la wi'sit?

info Die Museen sind in der Regel von 10 bis 19 Uhr geöffnet. Größere Museen bieten mittwochs und donnerstags meist auch Abendöffnungen. Städtische Museen sind in der Regel am Montag geschlossen, staatliche Museen hingegen am Dienstag.

Eine Karte / Zwei Karten bitte.	**Un billet / Deux billets, s'il vous plaît.** *ẽ bi'jä / dö bi'jä*, ßil wu plä.
Zwei Erwachsene, zwei Kinder, bitte.	**Deux adultes, deux enfants, s'il vous plaît.** dös‿a'dült, dös‿ã'fã, ßil wu plä.
Darf man fotografieren?	**Est-ce qu'on a le droit de prendre des photos?** äß‿kõn‿a lö droa dö 'prãdrö de fɔ'to?
Haben Sie einen *Katalog / Führer*?	**Vous avez un *catalogue / guide*?** wus‿a'we ẽ *kata'lɔg / gid*?
Was für ein *Gebäude / Denkmal* ist das?	**Qu'est-ce que *c'est que cet édifice / ce monument*?** käßö kä ßä *ßät‿edifiß / ßö mɔnümã*?

Besichtigungen, Ausflüge: weitere Wörter

Abtei	**l'abbaye *f*** labe'i
Altstadt	**la vieille ville** la wjäj wil
Amphitheater	**l'amphithéâtre *m*** lãfite'atrö
antik	**antique** ã'tik
Aquädukt	**l'aqueduc *m*** lak'dük
Arena	**l'arène *f*** la'rän
Ausflugsboot	**la vedette d'excursion** la wö'dät däkßkür'ßjõ
Ausgrabungen	**les fouilles *f/pl*** le fuj
Ausstellung	**l'exposition *f*** läkßposi'ßjõ
Berg	**la montagne** la mõ'tanj

Bibliothek	la bibliothèque la biblio'täk
Bild	le tableau lö ta'blo
Botanischer Garten	le jardin botanique lö schar'dẽ bɔta'nik
Brücke	le pont lö põ
Brunnen	la fontaine la fõ'tän
Burg	le château fort lö scha'to fɔr
Denkmal	le monument lö mɔnü'mã
Dom	la cathédrale la kate'dral
Festung	le fort lö fɔr
filmen	filmer fil'me
Flohmarkt	le marché aux puces lö mar'sche o püß
Fluss	la rivière la ri'wjär
Fremdenführer	le guide lö gid
Fremdenverkehrsamt	le syndicat d'initiative lö ßẽdi'ka dinißja'tiw
Fresko	la fresque la fräßk
Friedhof	le cimetière lö ßim'tjär
Fußgängerzone	la zone piétonne la son pje'tɔn
Galerie	la galerie la gal'ri
Gallier	les Gaulois *m/ pl* le go'loa
Garten	le jardin lö schar'dẽ
Gebäude	l'édifice *m* ledi'fiß
Gebirge	les montagnes *f/ pl* le mõ'tanj
Gemälde	la peinture la pẽ'tür
geöffnet	ouvert u'wär
geschlossen	fermé fär'me
Glockenspiel	le carillon lö kari'jõ
Glockenturm	le clocher lö klo'sche
Gobelin	la tapisserie la tapiß'ri
Gottesdienst	l'office *m* religieux lɔ'fiß röli'schjö
Grab	la tombe la tõb
Hafen	le port lö pɔr
Halbinsel	la péninsule la penẽ'ßül
Hauptstadt	la capitale la kapi'tal

Haus	la maison la mä'sõ
Höhle	la grotte la grɔt
Hotelverzeichnis	la liste des hôtels la lißt des‿o'täl
Hügel	la colline la kɔ'lin
Innenstadt	le centre-ville lö 'ßãtrö wil
Inschrift	l'inscription *f* lẽßkrip'ßjõ
Insel	l'île *f* lil
Jahrhundert	le siècle lö 'ßjäklö
Kapelle	la chapelle la scha'päl
Katakomben	les catacombes *f/ pl* le kata'kõb
Katalog	le catalogue lö kata'lɔg
Kathedrale	la cathédrale la kate'dral
keltisch	celtique ßäl'tik
Kirche	l'église *f* le'glis
Kloster *(Mönche)*	le monastère lö mɔnaß'tär
Kloster *(Nonnen)*	le couvent lö ku'wã
König	le roi lö roa
Königin	la reine la rän
Kreuzgang	le cloître lö 'kloatrö
Malerei	la peinture la pẽ'tür
Markt	le marché lö mar'sche
Markthalle	les halles *f/ pl* le al
Mausoleum	le mausolée lö mosɔ'le
Minarett	le minaret lö mina'rä
Mittelalter	le moyen âge lö moajän‿'asch
Mosaik	la mosaïque la mɔsa'ik
Moschee	la mosquée la mɔß'ke
Museum	le musée lö mü'se
Nationalpark	le parc national lö park naßjɔ'nal
Naturschutzgebiet	le site naturel protégé lö ßit natü'räl prɔte'sche
Opernhaus	l'Opéra *m* lɔpe'ra
Original	l'original *m* lɔrischi'nal
Palast	le palais lö pa'lä
Park	le parc lö park

Platz	la place la plaß
Porträt	le portrait lö pɔr'trä
Rathaus	l'hôtel *m* de ville lo'täl dö wil
restauriert	restauré räßto're
römisch	romain rɔ'mẽ
Ruine	les ruines *f/ pl* le rüin
Saal	la salle la ßal
Sammlung	la collection la kɔläk'ßjõ
Sandstein	le grès lö grä
Säule	la colonne la kɔ'lɔn
Schatzkammer	le trésor lö tre'sɔr
Schloss	le château lö scha'to
Schlucht	les gorges *f* le gɔrsch
See *(Binnengewässer)*	le lac lö lak
Skulptur	la sculpture la ßkül'tür
Stadion	le stade lö ßtad
Stadt	la ville la wil
Stadtmauer	les remparts *m/ pl* le rã'par
Stadtteil	le quartier lö kar'tje
Stadttor	la porte de la ville la pɔrt dö la wil
Sternwarte	l'observatoire *m* lɔpßärwa'toar
Synagoge	la synagogue la ßina'gɔg
Tal	la vallée la wa'le
Theater	le théâtre lö te'atrö
Töpferei	la poterie la pɔt'ri
Tor	la porte la pɔrt
Triumphbogen	l'arc *m* de triomphe lark dö tri'õf
Turm	la tour la tur
Universität	l'université *f* lüniwärßi'te
Volkskundemuseum	le musée des arts populaires lö mü'se des‿ar pɔpü'lär
Vulkan	le volcan lö wɔl'kã
Wald	la forêt la fɔ'rä
Wallfahrtsort	le pèlerinage lö pälri'nasch
Wasserfall	la cascade la kaß'kad

Weinberge	les vignobles *m/ pl* le wi'njɔblö
Weingut	la propriété vinicole la prɔprije'te wini'kɔl
Weinkeller	le caveau à vin lö ka'wo a wẽ
Weinprobe	la dégustation de vin la degußta'ßjõ dö wẽ
Zoo	le zoo lö so

Kulturveranstaltungen

Welche Veranstaltungen finden *diese / nächste* Woche statt?	Qu'est-ce qu'il y a *cette semaine / la semaine prochaine* comme manifestations ? käß‿kil‿ja *ßät ßö'män / la ßö'män prɔ'schän* kɔm manifäßta'ßjõ?
Haben Sie einen Veranstaltungskalender?	Est-ce que vous avez un calendrier des manifestations ? äß‿kö wus‿a'we ẽ kalãdri'je de manifäßta'ßjõ?
Was wird heute gespielt?	Qu'est-ce qu'on joue aujourd'hui ? käß‿kõ schu oschur'düi?
Wo bekommt man Karten?	Où est-ce qu'on prend les billets ? u äß‿kõ prã le bi'jä?
Wann beginnt …	A quelle heure commence … a käl‿ör kɔ'mãß …
– die Vorstellung?	– la représentation ? la röpresãta'ßjõ?
– das Konzert?	– le concert ? lö kõ'ßär?
– der Film?	– le film ? lö film?
Ab wann ist Einlass?	A quelle heure est-ce qu'on ouvre les portes ? a käl‿ör äß‿kõn‿'uwrö le pɔrt?
Sind die Plätze nummeriert?	Les places sont numérotées ? le plaß ßõ nümerɔ'te?

info Programmführer mit Veranstaltungsplänen für Feste, Trödelmärkte, Ausstellungen usw. gibt es an größeren Kiosken. Auch die Fremdenverkehrsbüros bieten Übersichten über die wichtigsten Veranstaltungen der Stadt oder Region.

Kann man Karten reservieren lassen?	**On peut réserver?** õ pö resär'we?
Ich hatte Karten vorbestellt auf den Namen …	**J'ai réservé des places au nom de *Monsieur / Madame* …** schä resär'we de plaß o nõ dö *mö'ßjö / ma'dam* …
Haben Sie noch Karten für *heute / morgen*?	**Vous avez encore des billets pour *aujourd'hui / demain*?** wus‿a'we ã'kɔr de bi'jä pur *oschur'düi / dö'mẽ*?
Bitte eine Karte für …	**Un billet pour …, s'il vous plaît.** ẽ bi'jä pur …, ßil wu plä.
– heute.	**– aujourd'hui** oschur'düi
– heute Abend.	**– ce soir** ßö ßoar
– morgen.	**– demain** dö'mẽ
– die Vorstellung um … Uhr.	**– la séance de … heures** la ße'ãß dö … ör
– den Film um … Uhr.	**– le film de … heures** lö film dö … ör
Wie viel kostet eine Karte?	**Quel est le prix des billets?** käl ä lö pri de bi'jä?
Gibt es eine Ermäßigung für …	**Est-ce qu'il y a une réduction pour …** äß‿kil‿ja ün redük'ßjõ pur …
– Kinder?	**– les enfants?** les‿ã'fã?
– Senioren?	**– les personnes du troisième âge?** le pär'ßɔn dü troa'sjäm‿asch?
– Studenten?	**– les étudiants?** les‿etü'djã?

Wann ist die Vorstellung zu Ende?	À quelle heure se termine la représentation ? a käl‿ör ßö tär'min la röpresãta'ßjõ?
Ich möchte ein Opernglas ausleihen.	Je voudrais louer des jumelles. schö wu'drä lu'e de schü'mäl.

An der Kasse

à droite	rechts
à gauche	links
le balcon	Rang
la caisse	Abendkasse
complet	ausverkauft
le deuxième balcon	zweiter Rang
la galerie	Galerie
la location	Vorverkauf
la loge	Loge
le milieu	Mitte
le parterre	Parkett
la place	Platz
la place debout	Stehplatz
le premier balcon	erster Rang
le rang	Reihe

Kulturveranstaltungen: weitere Wörter

Akt	l'acte *m* 'laktö
Ballett	le ballet lö ba'lä
Chor	le chœur lö kör
Dirigent	le chef d'orchestre lö schäf dɔr'käßtrö
Festspiele	le festival lö fäßti'wal
Folkloreabend	la soirée folklorique la ßoa're fɔlklɔ'rik
Freilichtbühne	le théâtre de plein air lö te'atrö dö plän‿är

Garderobe	le vestiaire lö wäß'tjär
Inszenierung	la mise en scène la mis‿ã ßän
Kabarett	le cabaret lö kaba'rä
Kasse	la caisse la käß
Kino	le cinéma lö ßine'ma
Komponist	le compositeur lö kõposi'tör
Komponistin	la compositrice la kõposi'triß
Liederabend	le récital de chant lö reßi'tal dö schã
Musical	la comédie musicale la kome'di müsi'kal
Musik	la musique la mü'sik
Oper	l'opéra *m* lɔpe'ra
Operette	l'opérette *f* lɔpe'rät
Orchester	l'orchestre *m* lɔr'käßtrö
Originalfassung	la version originale la wär'ßjõ ɔrischi'nal
Pause	l'entracte *m* lã'traktö
Platz	la place la plaß
Popkonzert	le concert pop lö kõ'ßär pɔp
Premiere	la première la prö'mjär
Programmheft	le programme lö prɔ'gram
Regisseur *(Film)*	le réalisateur lö realisa'tör
Regisseur *(Theater)*	le metteur en scène lö mä'tör ã ßän
Rockkonzert	le concert rock lö kõ'ßär rɔk
Sänger	le chanteur lö schã'tör
Sängerin *(Lieder)*	la chanteuse la schã'tös
Sängerin *(Oper)*	la cantatrice la kãta'triß
Schauspieler	l'acteur *m* lak'tör
Schauspielerin	l'actrice *f* lak'triß
Solist	le soliste lö ßɔ'lißt
Solistin	la soliste la ßɔ'lißt
Spielfilm	le film lö film
synchronisiert	postsynchronisé pɔßtßẽkrɔni'se
Tänzer	le danseur lö dã'ßör
Tänzerin	la danseuse la dã'ßös

Theater	**le théâtre** lö te'atrö
Theaterstück	**la pièce de théâtre** la pjäß dö te'atrö
Untertitel	**les sous-titres** *m/ pl* le ßu'titrö
Varieté	**les variétés** *f/ pl* le warje'te
Zirkus	**le cirque** lö 'ßirkö

Abends ausgehen

Was kann man hier abends unternehmen?	**Où est-ce qu'on peut sortir le soir par ici ?** u äß‿kõ pö ßɔr'tir lö ßoar par i'ßi?
Gibt es hier eine *nette Kneipe / Disco*?	**Est-ce qu'il y a *un bistrot sympathique / une discothèque* par ici ?** äß‿kil‿ja *ẽ biß'tro ßẽpa'tik / ün dißko'täk* par i'ßi?
Wo kann man hier tanzen gehen?	**Où est-ce qu'on peut aller danser par ici ?** u äß‿kõ pö a'le dã'ße par i'ßi?
Trägt man dort Abendgarderobe?	**Il faut se mettre en tenue de soirée ?** il fo ßö mätr ã tö'nü dö ßoa're?
Ist hier noch frei?	**Cette place est encore libre ?** ßät plaß ät‿ã'kor 'librö?

► *Essen und Trinken*, Seite 75

Was *möchten Sie / möchtest du* trinken?	**Qu'est-ce que *vous voulez / tu veux* boire ?** käß‿kö *wu wu'le / tü wö* boar?

Behörden

Haben Sie Post für mich?
Vous avez du courrier pour moi ?

Ich möchte einen Reisescheck einlösen.
Je voudrais encaisser un chèque de voyage.

Bank

Entschuldigen Sie bitte, wo ist hier eine Bank? — **Pardon, vous pourriez m'indiquer une banque dans le coin ?** par'dõ, wu pu'rje mẽdi'ke ün bãk dã lö koẽ?

Wo kann ich Geld wechseln? — **Où est-ce que je peux changer de l'argent ?** u äß‿kö schö pö schã'sche dö lar'schã?

info In der Regel sind Banken von 9 bis 17 Uhr geöffnet; samstags von 9 bis 14 Uhr.

Ich möchte … *Euro / Schweizer Franken* umtauschen. — **Je voudrais changer …** ***euros / francs suisses.*** schö wu'drä schã'sche … *ö'ro / frã ßüiß.*

Wie hoch sind die Gebühren? — **A combien s'élèvent les frais ?** a kõ'bjẽ ße'läw le frä?

Wie ist der Wechselkurs heute? — **Quel est le taux de change aujourd'hui ?** käl ä lö to dö schãsch oschur'düi?

Ich möchte einen Reisescheck einlösen. — **Je voudrais encaisser un chèque de voyage.** schö wu'drä ãkä'ße ẽ schäk dö woa'jasch.

Vos papiers, s'il vous plaît. — Ihren Ausweis bitte.

Une signature ici, s'il vous plaît. — Unterschreiben Sie bitte hier.

En quelle coupure voulez-vous votre argent ? — Wie möchten Sie das Geld haben?

In kleinen Scheinen, bitte.	Donnez-moi des petites coupures, s'il vous plaît. dɔne'moa de pö'tit ku'pür, ßil wu plä.
Geben Sie mir bitte auch etwas Kleingeld.	Donnez-moi aussi un peu de monnaie, s'il vous plaît. dɔne'moa o'ßi ẽ pö dö mɔ'nä, ßil wu plä.

Bank: weitere Wörter

Banküberweisung	le virement (bancaire) lö wir'mã (bã'kär)
Betrag	le montant lö mõ'tã
Euro	l'euro lö'ro
Eurochequekarte (EC-Karte)	la carte Eurochèque (la carte EC) la kart öro'schäk (la kart ö'ße)
Geheimzahl	le code secret lö kɔd ßö'krä
Geldautomat	le distributeur de billets lö dißtribü'tör dö bi'je
Kartennummer	le numéro de la carte lö nüme'ro dö la kart
Kasse	la caisse la käß
Kreditkarte	la carte de crédit la kart dö kre'di
Kurs	le cours lö kur
Münze	la pièce la pjäß
Schalter	le guichet lö gi'schä
Scheckkarte	la carte d'identité bancaire la kart didãti'te bã'kär
Sparkasse	la caisse d'épargne la käß de'parnj
Überweisung	le virement lö wir'mã
Unterschrift	la signature la ßinja'tür
Währung	la valeur la wa'lör
Wechselstube	le bureau de change lö bü'ro dö schãsch

Post

Wo ist *das nächste Postamt / der nächste Briefkasten*?	**Où est la *poste / boîte aux lettres* la plus proche ?** u ä la *pɔßt / boat‿o 'lätrö* la plü prɔsch?
Was kostet *ein Brief / eine Karte* nach …	**Combien coûte une *lettre / carte* pour …** kõ'bjẽ kut ün *'lätrö / kart* pur …
Fünf Briefmarken zu …, bitte.	**Cinq timbres à …, s'il vous plaît.** ßẽk tẽbr‿a …, ßil wu plä.
Diesen Brief bitte *per Luftpost / per Express*.	**Cette lettre *par avion / par exprès*, s'il vous plaît.** ßät 'lätrö *par a'wjõ / par äkß'präß*, ßil wu plä.
Ich möchte dieses Paket aufgeben.	**Je voudrais poster ce colis.** schö wu'drä pɔß'te ßö kɔ'li.
Haben Sie Post für mich?	**Vous avez du courrier pour moi ?** wus‿a'we dü ku'rje pur moa?

Post: weitere Wörter

Absender	**l'expéditeur *m*** läkßpedi'tör
Adresse	**l'adresse *f*** la'dräß
Ansichtskarte	**la carte postale** la kart pɔß'tal
Briefmarke	**le timbre(-poste)** lö tẽbrö(pɔßt)
Eilbrief	**la lettre exprès** la lätr äkß'präß
Empfänger	**le destinataire** lö däßtina'tär
Päckchen	**le paquet** lö pa'kä
Postleitzahl	**le code postal** lö kɔd pɔß'tal
schicken	**envoyer** ãwoa'je
Sondermarke	**le timbre spécial** lö 'tẽbrö ßpe'ßjal
Wertangabe	**la valeur déclarée** la wa'lör dekla're
Wertpaket	**le colis à valeur déclarée** lö ko'li a wa'lör dekla're

Polizei

Wo ist das nächste Polizeirevier?	**Où est le poste de police le plus proche ?** u ä lö pɔßt dö pɔ'liß lö plü prɔsch?
Ich möchte ... anzeigen.	**Je voudrais dénoncer ...** schö wu'drä denõ'ße ...
– einen Diebstahl	**– un vol.** ẽ wɔl.
– einen Überfall	**– une agression.** ün‿agrä'ßjõ.
– eine Vergewaltigung	**– un viol.** ẽ wjɔl.

► *Unfall,* Seite 52

Man hat mir *meine Handtasche / mein Portemonnaie* gestohlen.	**On m'a volé *mon sac à main / mon porte-monnaie.*** õ ma wɔ'le *mõ ßak a mẽ / mõ pɔrtmɔ'nä.*
Ich habe ... verloren.	**J'ai perdu ...** schä pär'dü ...
Mein Auto ist aufgebrochen worden.	**On a ouvert ma voiture par effraction.** õn‿a u'wär ma woa'tür par äfrak'ßjõ.
Ich bin *betrogen / zusammengeschlagen* worden.	**On m'a *dupé / agressé.*** õ ma *dü'pe / agrä'ße.*
Ich benötige eine Bescheinigung für meine Versicherung.	**J'ai besoin d'une attestation pour mon assurance.** schä bö'soẽ dün‿atäßta'ßjõ pur mõn‿aßü'räß.

info Die Aufgaben der Polizei übernehmen auf dem Land die **gendarmes**. Die **gendarmerie** ist zuständig für Verkehrsunfälle, Bergunfälle, Gesetzesübertretungen usw.

Ich möchte mit meinem *Anwalt* / *Konsulat* sprechen.	**Je voudrais parler à *mon avocat* / *avec mon consulat*.** schö wu'drä par'le *a mõn‿awɔ'ka* / *a'wäk mõ kõßü'la.*
Ich bin unschuldig.	**Je suis innocent.** schö ßüis‿inɔ'ßã.
Remplissez ce formulaire, s'il vous plaît.	Füllen Sie bitte dieses Formular aus.
Vos papiers, s'il vous plaît.	Ihren Ausweis, bitte.
Cela s'est passé *quand* / *où* ?	*Wann* / *Wo* ist es passiert?
Adressez-vous à votre consulat.	Wenden Sie sich bitte an Ihr Konsulat.

Polizei: weitere Wörter

Anzeige	**la plainte** la plẽt
Autoradio	**l'autoradio *m*** lotora'djo
belästigen	**importuner** ẽpɔrtü'ne
Botschaft	**l'ambassade** lẽba'ßad
Dieb	**le voleur** lö wɔ'lör
Falschgeld	**la fausse monnaie** la foß mɔ'nä
Fundbüro	**le bureau des objets trouvés** lö bü'ro des‿ɔb'schä tru'we
Polizei	**la police** la pɔ'liß
Polizist	**le gendarme** lö schã'darm
Rauschgift	**la drogue** la drɔg
Taschendieb	**le pickpocket** lö pikpɔ'kät
Unfall	**l'accident *m*** lakßi'dã
verhaften	**arrêter** arä'te
Zeuge	**le témoin** lö te'moẽ

Gesundheit

Ich brauche dieses Medikament.
J'ai besoin de ce médicament.

Eine kleine Packung genügt.
Une petite boîte suffira.

Apotheke

info Die Öffnungszeiten der Apotheken entsprechen in der Regel denen der Geschäfte (von 9 bis 19 bzw. 20 Uhr). In allen Apotheken hängt auch die Adresse der nächstgelegenen Notfallapotheke aus.

Wo ist die nächste Apotheke (mit Nachtdienst)?
Où est la pharmacie (de garde) la plus proche ? u ä la farma'ßi (dö gard) la plü prɔsch?

Haben Sie etwas gegen ...?
Vous avez quelque chose contre ... ? wus‿a'we kälkö schos 'kõtrö ...?

► *Krankheiten und Beschwerden,* Seite 171

Ich brauche dieses Medikament.
J'ai besoin de ce médicament. schä bö'soẽ dö ßö medika'mã.

Eine kleine Packung genügt.
Une petite boîte suffira. ün pö'tit boat ßüfi'ra.

Ce médicament est uniquement délivré sur ordonnance.
Dieses Medikament ist rezeptpflichtig.

Wie muss ich es einnehmen?
Comment est-ce que je dois le prendre ? kɔ'mã äß‿kö schö doa lö 'prãdrö?

Nous devons le commander.
Wir müssen es bestellen.

Wann kann ich es abholen?
Vous l'aurez quand ? wu lo're kã?

Medikamente

Abführmittel	le laxatif lö lakßa'tif
Antibabypille	la pilule contraceptive la pi'lül kõtraßäp'tiw
Antibiotikum	l'antibiotique *m* lãtibjɔ'tik
Augentropfen	le collyre lö kɔ'lir
Beruhigungsmittel	le calmant lö kal'mã
Desinfektionsmittel	le désinfectant lö desẽfäk'tã
Elastikbinde	la bande élastique la bãd ela'ßtik
fiebersenkendes Mittel	le fébrifuge lö febri'füsch
Fieberthermometer	le thermomètre médical lö tärmɔ'mätrö medi'kal
Halsschmerztabletten	les cachets *m/ pl* pour la gorge le ka'schä pur la gorsch
homöopathisch	homéopathique ɔmeɔpa'tik
Hustensaft	le sirop contre la toux lö ßi'ro 'kõtrö la tu
Insulin	l'insuline *f* lẽßü'lin
Jod	l'iode *m* ljɔd
Kohletabletten	les comprimés *m/ pl* de charbon le kõpri'me dö schar'bõ
Kondome	les préservatifs *m/ pl* le presärwa'tif
Kopfschmerztabletten	les comprimés *m/ pl* contre le mal de tête le kõpri'me 'kõtrö lö mal dö tät
Kreislaufmittel	le médicament pour la circulation du sang lö medika'mã pur la ßirküla'ßjõ dü ßã
Magentabletten	les comprimés *m/ pl* contre les maux d'estomac le kõpri'me 'kõtrö le mo däßtɔ'ma
Mittel gegen …	le remède contre … lö rö'mäd 'kõtrö …

► *Krankheiten und Beschwerden,* Seite 171

Mullbinde	la bande de gaze la bãd dö gas
Nasentropfen	les gouttes *f/ pl* pour le nez le gut pur lö ne
Ohrentropfen	les gouttes *f/ pl* pour les oreilles le gut pur les‿o'räj
Pflaster	le pansement lö pãß'mã
Puder	la poudre la 'pudrö
Pulver	la poudre la 'pudrö
Rezept	l'ordonnance *f* lɔrdɔ'nãß
Salbe	la pommade la pɔ'mad
Salbe gegen Juckreiz	la pommade contre les démangeaisons la pɔ'mad 'kõtrö le demãschä'sõ
Salbe gegen Mückenstiche	la pommade contre les piqûres de moustiques la pɔ'mad 'kõtrö le pi'kür dö muß'tik
Salbe gegen Sonnenallergie	la pommade contre les allergies au soleil la pɔ'mad 'kõtrö les‿alär'schi o ßɔ'läj
Salbe gegen Sonnenbrand	la pommade contre les coups de soleil la pɔ'mad 'kõtrö le ku‿t‿ßɔ'läj
Schlaftabletten	les somnifères *m/ pl* le ßɔmni'fär
Schmerzmittel	l'analgésique *m* lanalsche'sik
Spritze	la piqûre la pi'kür
Tabletten gegen …	les comprimés *m/ pl* contre … le kõpri'me 'kõtrö …
Tropfen	les gouttes *f/ pl* le gut
Verbandszeug	les pansements *m/ pl* le pãß'mã
Wundsalbe	la pommade cicatrisante la pɔ'mad ßikatri'sãt
Zäpfchen	le suppositoire lö ßüposi'toar

Arzt

Arztsuche

Können Sie mir einen *praktischen Arzt / Zahnarzt* empfehlen?	**Est-ce que vous pouvez me recommander un *médecin généraliste / dentiste* ?** äß‿kö wu pu'we mö rökɔmã'de ẽ *med'ßẽ schenera'lißt / dã'tißt*?
Spricht er *Deutsch / Englisch*?	**Est-ce qu'il parle *allemand / anglais* ?** äß‿kil parl *al'mã / ã'glä*?
Wo ist seine Praxis?	**Où est son cabinet ?** u ä ßõ kabi'nä?
Kann er herkommen?	**Est-ce qu'il pourrait venir ?** äß‿kil pu'rä wö'nir?

info **S.A.M.U.** heißt der Rettungsdienst, den man überall in Frankreich und rund um die Uhr unter der Notrufnummer 15 benachrichtigen kann. Er koordiniert den Einsatz von Notärzten und Krankenwagen. Bei Notfällen kann man sich aber auch an **les pompiers** *(die Feuerwehr)*, Notrufnummer 18, wenden.

Rufen Sie bitte einen *Krankenwagen / Notarzt*!	**Appelez *une ambulance / le S.A.M.U.*, s'il vous plaît.** ap'le *ün‿ãbü'lãß / lö ßa'mü*, ßil wu plä.
Mein Mann / Meine Frau ist krank.	***Mon mari / Ma femme* est malade.** *mõ ma'ri / ma fam* ä ma'lad.
Wohin bringen Sie *ihn / sie*?	**Vous *le / la* transportez où ?** wu *lö / la* trãßpɔr'te u?
Ich möchte mitkommen.	**Je voudrais venir avec.** schö wu'drä wö'nir a'wäk.

Ärzte

Arzt	**le médecin** lö med'ßẽ
Ärztin	**le médecin** lö med'ßẽ
Augenarzt	**l'oculiste** *m* lɔkü'lißt
Frauenarzt	**le gynécologue** lö schineko'lɔg
Frauenärztin	**la gynécologue** la schineko'lɔg
Hals-Nasen-Ohren-Arzt	**l'oto-rhino-laryngologiste** *m* lɔtɔrinolarẽgɔlɔ'schißt
Hautarzt	**le dermatologue** lö därmato'lɔg
Heilpraktiker	**le practicien de médecines parallèles** lö prati'ßjẽ dö med'ßin para'läl
Internist	**le spécialiste des maladies internes** lö ßpeßja'lißt de mala'di ẽ'tärn
Kinderarzt	**le pédiatre** lö pe'djatrö
Orthopäde	**l'orthopédiste** *m* lɔrthɔpe'dißt
Praktischer Arzt	**le médecin généraliste** lö med'ßẽ schenera'lißt
Tierarzt	**le vétérinaire** lö weteri'när
Urologe	**l'urologue** *m* lürɔ'lɔg
Zahnarzt	**le dentiste** lö dã'tißt

► *Zahnarzt,* Seite 175

Beim Arzt

Ich bin (stark) erkältet.	**J'ai un (gros) rhume.** schä ẽ (gro) rüm.
Ich habe …	**J'ai …** schä …
– Kopfschmerzen.	**– mal à la tête.** mal a la tät.
– Halsschmerzen.	**– mal à la gorge.** mal a la gɔrsch.
– hohes Fieber.	**– une forte fièvre.** ün fort 'fjäwrö.
– Fieber.	**– de la fièvre.** dö la 'fjäwrö.
– Durchfall.	**– la diarrhée.** la dja're.

Ich fühle mich nicht wohl.	**Je ne me sens pas bien.** schö nö mö ßã pa bjẽ.
Mir ist schwindelig.	**J'ai des vertiges.** schä de wär'tisch.
Mir *tut/tun* … weh.	**J'ai mal *à/aux* …** schä mal *a/o* …

► *Körperteile und Organe,* Seite 169

Hier habe ich Schmerzen.	**J'ai mal ici.** schä mal i'ßi.

info Ärzte und Ärztinnen werden in Frankreich einfach nur mit «Docteur» angeredet, ohne Monsieur, Madame oder den Familiennamen.

Ich habe mich (mehrmals) übergeben.	**J'ai vomi (plusieurs fois).** schä wo'mi (plü'sjör foa).
Ich habe mir den Magen verdorben.	**J'ai l'estomac barbouillé.** schä läßtɔ'ma barbu'je.
Ich bin ohnmächtig geworden.	**J'ai perdu connaissance.** schä pär'dü kɔnä'ßãß.
Ich habe mich verletzt.	**Je me suis blessé.** schö mö ßüi ble'ße.
Ich bin gestürzt.	**Je suis tombé.** schö ßüi tõ'be.
Ich bin von … *gestochen/gebissen* worden.	**J'ai été *piqué/mordu* par …** schä e'te *pi'ke/mor'dü* par …
Ich bin (nicht) gegen … geimpft.	**Je (ne) suis (pas) vacciné contre …** schö (nö) ßüi (pa) wakßi'ne 'kõtrö …
Ich bin allergisch gegen Penizillin.	**Je suis allergique à la pénicilline.** schö ßüi alär'schik a la penißi'lin.
Ich habe einen *hohen/niedrigen* Blutdruck.	**Je souffre d'*hypertension/hypotension*.** schö 'ßufrö d‿*ipärtã'ßjõ/‿ipotã'ßjõ*.

Ich habe einen Herzschrittmacher.	**Je porte un pacemaker.** schö pɔrt ẽ päßmä'kör.
Ich bin (im … Monat) schwanger.	**Je suis enceinte (de … mois).** schö ßüis_ã'ßẽt (dö … moa).
Ich bin Diabetiker.	**Je suis diabétique.** schö ßüi djabe'tik.
Ich nehme regelmäßig diese Medikamente.	**Je prends régulièrement ces médicaments.** schö prã regüljär'mã ße medika'mã.
Qu'est-ce que vous avez comme problèmes ?	Was für Beschwerden haben Sie?
Où avez-vous mal ?	Wo haben Sie Schmerzen?
Ici, vous avez mal ?	Tut das weh?
Ouvrez la bouche.	Öffnen Sie den Mund.
Montrez la langue.	Zeigen Sie die Zunge.
Enlevez le haut, s'il vous plaît.	Bitte machen Sie den Oberkörper frei.
Nous devons vous faire une radio.	Wir müssen Sie röntgen.
Inspirez profondément. Ne respirez plus.	Atmen Sie tief. Atem anhalten.
Depuis quand avez-vous ces problèmes ?	Wie lange haben Sie diese Beschwerden schon?
Est-ce que vous êtes vacciné contre … ?	Sind Sie gegen … geimpft?
Avez-vous un carnet de vaccinations ?	Haben Sie einen Impfpass?

Il faut faire une analyse *de sang / d'urine*.	*Ihr Blut / Ihr Urin* muss untersucht werden.
Il faut vous opérer.	Sie müssen operiert werden.
Ce n'est rien de grave.	Es ist nichts Ernstes.
Revenez *demain / dans ... jours*.	Kommen Sie *morgen / in ... Tagen* wieder.
Können Sie mir ein Attest ausstellen?	Est-ce que vous pourriez me faire un certificat ? äß‿kö wu pu'rje mö fär ẽ ßärtifi'ka?
Geben Sie mir bitte eine Quittung für meine Versicherung.	Pourriez-vous me donner une facture pour mon assurance, s'il vous plaît ? purje'wu mö dɔ'ne ün fak'tür pur mõn‿aßü'rãß, ßil wu plä?

Körperteile und Organe

Arm	le bras lö bra
Auge	l'œil *m*, / *pl:* les yeux löj, les‿jö
Bandscheibe	le disque intervertébral lö dißk ẽtärwärte'bral
Bauch	le ventre lö 'wãtrö
Becken	le bassin lö ba'ßẽ
Bein	la jambe la schãb
Blase	la vessie la we'ßi
Blinddarm	l'appendice *m* lapã'diß
Blut	le sang lö ßã
Bronchien	les bronches *f / pl* le brõsch
Brust	la poitrine la poa'trin
Darm	les intestins *m / pl* les‿ẽtäß'tẽ

Ferse	le talon lö ta'lõ
Finger	le doigt lö doa
Fuß	le pied lö pje
Galle	la bile la bil
Gehirn	le cerveau lö ßär'wo
Gelenk	l'articulation *f* lartiküla'ßjõ
Gesäß	le séant lö ße'ã
Geschlechtsorgane	les organes *m/ pl* génitaux les‿ɔr'gan scheni'to
Gesicht	le visage lö wi'sasch
Hals *(äußerlich)*	le cou lö ku
Hals *(innerlich)*	la gorge la gɔrsch
Hand	la main la mẽ
Harnblase	la vessie la we'ßi
Haut	la peau la po
Herz	le cœur lö kör
Hüfte	la hanche la ãsch
Knie	le genou lö schö'nu
Kniescheibe	la rotule la rɔ'tül
Knöchel	la cheville la schö'wij
Knochen	l'os *m* lɔß
Kopf	la tête la tät
Körper	le corps lö kɔr
Leber	le foie lö foa
Lunge	les poumons *m/ pl* le pu'mõ
Magen	l'estomac *m* läßtɔ'ma
Mandeln	les amygdales *f/ pl* les‿ami'dal
Mund	la bouche la busch
Muskel	le muscle lö 'müßklö
Nacken	la nuque la nük
Nase	le nez lö ne
Nebenhöhle	le sinus lö ßi'nüß
Nerv	le nerf lö när
Niere	le rein lö rẽ
Ohr	l'oreille *f* lɔ'räj

Rippe	la côte la kot
Rücken	le dos lö do
Schienbein	le tibia lö ti'bja
Schilddrüse	la thyroïde la tiro'id
Schlüsselbein	la clavicule la klawi'kül
Schulter	l'épaule *f* le'pol
Sehne	le tendon lö tã'dõ
Stirn	le front lö frõ
Stirnhöhle	le sinus frontal lö ßi'nüß frõ'tal
Wirbel	la vertèbre la wär'täbrö
Wirbelsäule	la colonne vertébrale la kɔ'lɔn wärte'bral
Zahn	la dent la dã
Zehe	l'orteil *m* lɔr'täj
Zunge	la langue la lãg

Krankheiten und Beschwerden

Abszess	l'abcès *m* lab'ßä
Aids	le sida lö ßi'da
Allergie	l'allergie *f* lalär'schi
Angina	l'angine *f* lã'schin
ansteckend	contagieux kõta'schjö
Asthma	l'asthme *m* 'lasmö
Atembeschwerden	les difficultés à respirer le difikül'te a räßpi're
Ausschlag	l'éruption *f* cutanée lerüp'ßjõ küta'ne
Bänderriss	la déchirure des ligaments la deschi'rür de liga'mã
Bindehautentzündung	la conjonctivite la kõschõkti'wit
Biss	la morsure la mɔr'ßür
Blasenentzündung	la cystite la ßiß'tit
Blinddarmentzündung	l'appendicite *f* lapãdi'ßit
Blutdruck, hoher	la haute tension la ot tã'ßjõ

Blutdruck, niedriger	la basse tension	la baß tã'ßjõ
Blutvergiftung	la septicémie	la ßeptiße'mi
Bronchitis	la bronchite	la brõ'schit
Diabetes	le diabète	lö dja'bät
Durchfall	la diarrhée	la dja're
Entzündung	l'inflammation *f*	lẽflama'ßjõ
Erbrechen	les vomissements *m/ pl*	le wɔmiß'mã
Erkältung	le refroidissement	lö röfroadiß'mã
Fieber	la fièvre	la 'fjäwrö
Gallensteine	les calculs *m/ pl* biliaires	le kal'kül bi'ljär
gebrochen	cassé	ka'ße
Gehirnerschütterung	la commotion cérébrale	la komo'ßjõ ßere'bral
Geschlechtskrankheit	la maladie vénérienne	la mala'di wene'rjän
Grippe	la grippe	la grip
Hämorriden	les hémorroïdes *f/ pl*	les‿emɔrɔ'id
Herpes	l'herpès *m*	lär'päß
Herzanfall	la crise cardiaque	la kris kar'djak
Herzfehler	l'anomalie *f* cardiaque	lanɔma'li kar'djak
Herzinfarkt	l'infarctus *m*	lẽfark'tüß
Heuschnupfen	le rhume des foins	lö rüm de foẽ
Hexenschuss	le lumbago	lö lẽba'go
Hirnhautentzündung	la méningite	la menẽ'schit
Husten	la toux	la tu
Infektion	l'infection *f*	lẽfäk'ßjõ
Keuchhusten	la coqueluche	la kɔk'lüsch
Kinderlähmung	la poliomyélite	la pɔljɔmje'lit
Kolik	la colique	la ko'lik
Krampf	la crampe	la krãp
Krebs	le cancer	lö kã'ßär
Kreislaufstörungen	les troubles *m/ pl* circulatoires	le 'trublö ßirküla'toar

Lebensmittelvergiftung	l'intoxication *f* alimentaire lẽtɔkßika'ßjõ alimã'tär
Leistenbruch	la hernie la är'ni
Lungenentzündung	la pneumonie la pnömɔ'ni
Magengeschwür	l'ulcère *m* à l'estomac lül'ßär a läßtɔ'ma
Magenschmerzen	les maux *m/ pl* d'estomac le mo däßtɔ'ma
Malaria	la malaria la mala'rja
Mandelentzündung	l'amygdalite *f* lamida'lit
Masern	la rougeole la ru'schɔl
Menstruation	les menstruations *f/ pl* le mãßtrüa'ßjõ
Migräne	la migraine la mi'grän
Mittelohrentzündung	l'otite *f* lɔ'tit
Mumps	les oreillons *m/ pl* les‿orä'jõ
Nasenbluten	les saignements *m/ pl* de nez le ßänjö'mã dö ne
Neuralgie	la névralgie la newral'schi
Nierensteine	les calculs *m/ pl* rénaux le kal'kül re'no
Pilzinfektion	la mycose la mi'kos
Prellung	la contusion la kõtü'sjõ
Röteln	la rubéole la rübe'ɔl
Scharlach	la scarlatine la ßkarla'tin
Scheidenentzündung	la vaginite la waschi'nit
Schlaganfall	l'attaque *f* (d'apoplexie) la'tak (dapɔplä'kßi)
Schnupfen	le rhume lö rüm
Schweißausbruch	les sueurs *f/ pl* le ßu'ör
Schwellung	l'enflure *f* lã'flür
Schwindel	les vertiges *m/ pl* le wär'tisch
Sodbrennen	les brûlures *f/ pl* (d'estomac) le brü'lür (däßtɔ'ma)
Sonnenbrand	le coup de soleil lö ku‿d‿ßɔ'läj

Sonnenstich	l'insolation *f* lẽßɔla'ßjõ
Stich	la piqûre la pi'kür
Tetanus	le tétanos lö teta'noß
Tumor	la tumeur la tü'mör
Übelkeit	le mal au cœur lö mal o kör
Verbrennung	la brûlure la brü'lür
Verletzung	la blessure la ble'ßür
verstaucht	foulé fu'le
Verstopfung	la constipation la kõßtipa'ßjõ
Windpocken	la varicelle la wari'ßäl
Wunde	la blessure la ble'ßür
Zeckenbiss	la piqûre de tique la pi'kür dö tik

Im Krankenhaus

Gibt es hier jemanden, der Deutsch spricht?

Est-ce qu'il y a ici quelqu'un qui parle allemand ? äß‿kil‿ja i'ßi käl'kẽ ki parl al'mã?

► *Beim Arzt,* Seite 166

Ich möchte mich lieber in Deutschland operieren lassen.

Je préfère me faire opérer en Allemagne. schö pre'fär mö fär ɔpe're ãn‿al'manj.

Bitte benachrichtigen Sie meine Familie.

Prévenez ma famille, s'il vous plaît. prew'ne ma fa'mij, ßil wu plä.

Schwester / Pfleger, könnten Sie mir bitte helfen?

Infirmière / Infirmier, pouvez-vous m'aider, s'il vous plaît ? *ẽfir'mjär / ẽfir'mje,* puwe'wu mä'de, ßil wu plä?

Geben Sie mir bitte etwas *gegen die Schmerzen / zum Einschlafen.*

Donnez-moi quelque chose *contre la douleur / pour dormir,* s'il vous plaît. dɔne'moa kälkö schos *'kõtrö la du'lör / pur dɔr'mir,* ßil wu plä.

Beim Zahnarzt

Dieser Zahn hier tut weh.	J'ai mal à cette dent. schä mal a ßät dã.
Der Zahn ist abgebrochen.	La dent s'est cassée. la dã ßä ka'ße.
Ich habe *eine Füllung* / *eine Krone* verloren.	J'ai perdu *un plombage* / *une couronne.* schä pär'dü *ẽ plõ'basch* / *ün ku'rɔn.*
Können Sie den Zahn provisorisch behandeln?	Est-ce que vous pourriez soigner la dent de façon provisoire? äß_kö wu pu'rje ßoa'nje la dã dö fa'ßõ prɔwi'soar?
Den Zahn bitte nicht ziehen.	S'il vous plaît, ne m'arrachez pas la dent. ßil wu plä, nö mara'sche pa la dã.
Geben Sie mir bitte eine Spritze.	Faites-moi une injection, s'il vous plaît. fät'moa ün_ẽschäk'ßjõ, ßil wu plä.
Können Sie diese Prothese reparieren?	Pourriez-vous réparer cette prothèse? purje'wu repa're ßät prɔ'täs?
Vous avez besoin …	Sie brauchen …
– d'un bridge. – d'un plombage. – d'une couronne.	– eine Brücke. – eine Füllung. – eine Krone.
Je dois extraire la dent.	Ich muss den Zahn ziehen.
Rincez bien.	Bitte gut spülen.
Ne rien manger pendant deux heures, s'il vous plaît.	Bitte zwei Stunden nichts essen.

Beim Zahnarzt: weitere Wörter

Abdruck	l'empreinte *f* lã'prẽt
Amalgamfüllung	l'amalgame *m* lamal'gam
Gebiss *(Prothese)*	le dentier lö dã'tje
Goldinlay	le plombage en or lö plõ'basch ãn‿ɔr
Inlay	l'inlay *m* lin'lä
Karies	la carie la ka'ri
Kiefer	la mâchoire la ma'schoar
Kunststofffüllung	le composite lö kõpo'sit
Nerv	le nerf lö när
Parodontose	la parodontose la parodõ'tos
Porzellanfüllung	le plombage en porcelaine lö plõ'basch ã pɔrßö'län
Provisorium	le traitement provisoire lö trät'mã prɔwi'soar
Weisheitszahn	la dent de sagesse la dã dö ßa'schäß
Wurzel	la racine la ra'ßin
Wurzelbehandlung	le traitement de la racine lö trät'mã dö la ra'ßin
Zahn	la dent la dã
Zahnfleisch	la gencive la schã'ßiw
Zahnfleischentzündung	l'inflammation *f* de la gencive lẽflama'ßjõ dö la schã'ßiw
Zahnspange	l'appareil *m* dentaire lapa'räj dã'tär
Zahnstein	le tartre lö 'tartrö

Die Zeit

Wie spät ist es?
Quelle heure est-il ?

Wir reisen am 20. August ab.
Nous partons le vingt août.

Uhrzeit

Wie spät ist es?	Quelle heure est-il ?	käl‿ör ätil?
Es ist 1 Uhr.	Il est une heure.	il‿ä ün‿ör.
Es ist 2 Uhr.	Il est deux heures.	il‿ä dös‿ör.
Es ist 12 Uhr *mittags/nachts*.	Il est *midi/minuit*.	il‿ä *mi'di/mi'nüi*.
Es ist 5 (Minuten) nach 4.	Il est quatre heures cinq.	il‿ä katr‿ör ßẽk.
Es ist Viertel nach 5.	Il est cinq heures et quart.	il‿ä ßẽk‿ör e kar.
Es ist halb 7.	Il est six heures et demie.	il‿ä ßis‿ör e dö'mi.
Es ist 15 Uhr 35.	Il est quinze heures trente-cinq.	il‿ä kẽs‿ör trãt'ßẽk.
Es ist Viertel vor 9.	Il est neuf heures moins le quart.	il‿ä nöw‿ör moẽ l‿kar.

info Zur Angabe der Zeit bevorzugt man in Frankreich eher die Zahlen von 1 bis 24, um mögliche Missverständnisse zu vermeiden: Wenn Sie also die Uhrzeit angeben wollen, sagen Sie zum Beispiel statt „Es ist halb drei" besser „Es ist 14.30 Uhr": Il est quatorze heures et demie.

Es ist 10 (Minuten) vor 8.	Il est huit heures moins dix.	il‿ä üit‿ör moẽ diß.
Um wie viel Uhr?	A quelle heure ?	a käl‿ör?
Um 10 Uhr.	A dix heures.	a dis‿ör.
Bis 11 Uhr.	Jusqu'à onze heures.	schüßka õs‿ör.

Von 8 bis 9 Uhr.	**De huit heures à neuf heures.** dö üit‿ör a nöw‿ör.
Zwischen 10 und 12 Uhr.	**Entre dix et douze.** 'ãtrö diß‿e dus.
In einer halben Stunde.	**Dans une demi-heure.** dãs‿ün dömi'ör.
Es ist (zu) spät.	**Il est (trop) tard.** il‿ä (tro) tar.
Es ist noch zu früh.	**Il est encore trop tôt.** il‿ät‿ã'kɔr tro to.

Allgemeine Zeitangaben

Abend, abends	**le soir** lö ßoar
bald	**bientôt** bjẽ'to
bis	**jusqu'à** schüßka
früh	**tôt** to
gestern	**hier** jär
halbe Stunde	**la demi-heure** la dömi'ör
heute	**aujourd'hui** oschur'düi
heute Morgen	**ce matin** ßö ma'tẽ
heute Nachmittag	**cet après-midi** ßät‿aprämi'di
in 14 Tagen	**dans quinze jours** dã kẽs schur
Jahr	**l'année *f*** la'ne
jetzt	**maintenant** mẽt'nã
manchmal	**quelquefois** kälkö'foa
Minute	**la minute** la mi'nüt
mittags	**à midi** a mi'di
Monat	**le mois** lö moa
morgen	**demain** dö'mẽ
Morgen, morgens	**le matin** lö ma'tẽ
Nachmittag, am Nachmittag	**l'après-midi *m*** laprämi'di

nächstes Jahr	**l'année *f* prochaine**	la'ne prɔ'schän
Nacht, nachts	**la nuit**	la nüi
seit	**depuis**	dö'püi
Sekunde	**la seconde**	la ßö'gõd
spät	**tard**	tar
später	**plus tard**	plü tar
Stunde	**l'heure *f***	lör
Tag	**le jour**	lö schur
übermorgen	**après-demain**	aprädö'mẽ
um	**vers**	wär
Viertelstunde	**le quart d'heure**	lö kar dör
vor einem Monat	**il y a un mois**	il‿ja ẽ moa
Vormittag, vormittags	**le matin**	lö ma'tẽ
Woche	**la semaine**	la ßö'män
Zeit	**le temps**	lö tã
vor Kurzem	**il y a peu de temps**	il‿ja pö dö tã
heute Abend	**ce soir**	ßö ßoar
vorgestern	**avant-hier**	awã'tjär

Datum

Den Wievielten haben wir heute?
On est le combien aujourd'hui ?
õn‿ä lö kõ'bjẽ oschur'düi?

Heute ist der 2. Juli.
Aujourd'hui, on est le deux juillet.
oschur'düi, õn‿ä lö dö schüi'jä.

Am 4. *dieses / nächsten* Monats.
Le quatre *de ce mois / du mois prochain*. lö 'katrö *dö ßö moa / dü moa prɔ'schẽ*.

Bis zum 10. März.
Jusqu'au dix mars. schüßko di marß.

Wir reisen am 20. August ab.
Nous partons le vingt août.
nu par'tõ lö wẽ ut.

Jahreszeiten

Frühling	le printemps lö prẽ'tã
Sommer	l'été *m* le'te
Herbst	l'automne *m* lo'tɔn
Winter	l'hiver *m* li'wär

Wochentage

Montag	lundi lẽ'di
Dienstag	mardi mar'di
Mittwoch	mercredi märkrö'di
Donnerstag	jeudi schö'di
Freitag	vendredi wãdrö'di
Samstag, Sonnabend	samedi ßam'di
Sonntag	dimanche di'mãsch

Monate

Januar	janvier schã'wje
Februar	février fewri'je
März	mars marß
April	avril a'wril
Mai	mai mä
Juni	juin schüẽ
Juli	juillet schüi'jä
August	août ut
September	septembre ßäp'tãbrö
Oktober	octobre ɔk'tɔbrö
November	novembre nɔ'wãbrö
Dezember	décembre de'ßãbrö

Feiertage

info Der 14. Juli, der französische Nationalfeiertag, ist in Frankreich ein Volksfest, das mit Umzügen und Tanz am Abend gefeiert wird. Feiertage sind auch der 8. Mai (Ende des Zweiten Weltkrieges), Christi Himmelfahrt, Mariä Himmelfahrt und der 11. November (Ende des Ersten Weltkrieges). Keine Feiertage hingegen sind der 26. Dezember, Rosenmontag, Karnevalsdienstag, Karfreitag und Fronleichnam.

Feiertage

Allerheiligen	la Toussaint la tu'ßẽ
Fasching, Karneval	le carnaval lö karna'wal
Fastnachtsdienstag	le mardi gras lö mar'di gra
Fronleichnam	la fête du Saint Sacrement la fät dü ßẽ ßakrö'mã
Heiligabend	la veille de Noël la wäj dö nɔ'äl
Himmelfahrt	l'Ascension *f* laßã'ßjõ
Mariä Himmelfahrt	l'Assomption *f* laßõp'ßjõ
Weihnachten	Noël nɔ'äl
Karfreitag	le vendredi saint lö wãdrö'di ßẽ
Neujahr	le jour de l'an lö schur dö lã
Ostern	Pâques pak
Pfingsten	la Pentecôte la pãt'kot
Silvester	la Saint-Sylvestre la ßẽ ßil'wäßtrö
1. Weihnachtstag	Noël (le vingt-cinq décembre) nɔ'äl (lö wẽt'ßẽk de'ßãbrö)

Wetter und Umwelt

Die Sonne scheint.
Le soleil brille.

Was sagt der Wetterbericht?
Que dit la météo ?

Wetter

Was für ein *schönes / schlechtes* Wetter heute!	**Quel *beau / mauvais* temps, aujourd'hui !** käl *bo / mo'wä* tã, oschur'düi!
Wie wird das Wetter *heute / morgen*?	**Quel temps va-t-il faire *aujourd'hui / demain* ?** käl tã watil fär *oschur'düi / dö'mẽ*?
Was sagt der Wetterbericht?	**Que dit la météo ?** kö di la mete'o?
Es *ist / wird* …	**Il *fait / va faire* …** il *fä / wa fär* …
– schön.	**– beau.** bo.
– schlecht.	**– mauvais.** mo'wä.
– warm.	**– chaud.** scho.
– heiß.	**– très chaud.** trä scho.
– kalt.	**– froid.** froa.
– schwül.	**– lourd.** lur.
Es wird *Regen / ein Gewitter* geben.	**Il va y avoir *de la pluie / un orage*.** il wa j‿a'woar *dö la plüi / ẽn‿ɔ'rasch*.
Die Sonne scheint.	**Le soleil brille.** lö ßɔ'läj brij.
Es ist ziemlich windig.	**Il y a pas mal de vent.** il‿ja pa mal dö wã.
Es regnet.	**Il pleut.** il plö.
Es schneit.	**Il neige.** il näsch.
Wie viel Grad haben wir?	**Quelle est la température ?** käl‿ä la tãpera'tür?
Es sind … Grad (*über / unter* null).	**Il fait … degrés (*au-dessus / au-dessous* de zéro).** il fä … dö'gre (*o dö'ßü / o dö'ßu* dö se'ro).

Wetter: weitere Wörter

bewölkt	nuageux nüa'schö
Blitz	l'éclair *m* le'klär
Dämmerung *(abends)*	le crépuscule lö krepüß'kül
Dämmerung *(morgens)*	l'aube *f* lob
diesig	brumeux brü'mö
Donner	le tonnerre lö tɔ'när
feucht	humide ü'mid
frieren; es friert	geler; il gèle schö'le; il schäl
Frost	le gel lö schäl
Glatteis	le verglas lö wär'gla
Grad	le degré lö dö'gre
Hagel	la grêle la gräl
heiter	beau bo
Hitze	la grosse chaleur la groß scha'lör
Hitzewelle	la vague de chaleur la wag dö scha'lör
Hoch	l'anticyclone *m* lãtißi'klon
klar	clair klär
Klima	le climat lö kli'ma
kühl	frais, *f:* fraîche frä, fräsch
Luft	l'air *m* lär
Luftdruck	la pression atmosphérique la prä'ßjõ atmɔßfe'rik
Mond	la lune la lün
nass	mouillé mu'je
Nebel	le brouillard lö bru'jar
Niederschläge	les précipitations *f/ pl* le preßipita'ßjõ
Nieselregen	le crachin lö kra'schẽ
Regenschauer	l'averse *f* la'wärß
regnerisch	pluvieux plü'wjö
Schnee	la neige la näsch
Sonnenaufgang	le lever du soleil lö lö'we dü ßɔ'läj

Sonnenuntergang	le coucher du soleil lö ku'sche dü ßɔ'läj
sonnig	ensoleillé ãßɔlä'je
Stern	l'étoile *f* le'toal
Sturm	la tempête la tã'pät
stürmisch	orageux ɔra'schö
Temperatur	la température la tãpera'tür
Tief	la dépression la deprä'ßjõ
trocken	sec, *f:* sèche ßäk, ßäsch
Unwetter	l'orage *m* lɔ'rasch
wechselhaft	capricieux kapri'ßjö
Wind	le vent lö wã
Wolke	le nuage lö nü'asch

Umweltbedingungen

Hier ist es sehr laut.	Ici, c'est très bruyant. i'ßi, ßä trä brü'jã.
Können Sie diesen Lärm abstellen?	Est-ce que vous pouvez arrêter ce bruit ? äß‿kö wu pu'we arä'te ßö brüi?
Hier riecht es unangenehm.	Ça ne sent pas très bon, ici. ßa nö ßã pa tre bõ, i'ßi.
Woher kommt dieser Geruch?	D'où vient cette odeur ? du wjẽ ßät‿ɔ'dör?
Ist das Wasser *trinkbar / sauber*?	Est-ce que l'eau est *potable / salubre* ? äß‿kö lo ä *pɔ'tablö / ßa'lübrö*?
Das Wasser ist verschmutzt.	L'eau est polluée. lo ä pɔlü'e.
Ist das gefährlich?	Est-ce que c'est dangereux ? äß‿kö ßä dãsch'rö?

Reisewörterbuch Deutsch – Französisch

A

ab **à partir de** a par'tir dö; **~ und zu** **de temps en temps** dö tãs_ã tã
abbiegen **tourner** tur'ne
Abend **le soir** lö ßoar
Abendessen **le dîner** lö di'ne
aber **mais** mä
abfahren **partir** par'tir
Abfahrt **le départ** lö de'par
Abflug **le départ** lö de'par
abholen **aller chercher** a'le schär'sche
sich abmelden **déclarer son départ** dekla're ßõ de'par
abnehmen **maigrir** mä'grir; (*Telefon*) **décrocher** dekrɔ'sche
Abreise **le départ** lö de'par
abreisen **partir** par'tir
absagen **annuler** anü'le
abschließen **fermer à clé** fär'me a kle
Absicht **l'intention** *f* lẽtã'ßjõ
absichtlich **exprès** äkß'prä
Abstand **la distance** la diß'tãß
Abteilung (*Behörde, Firma*) **le service** lö ßär'wiß; (*Kaufhaus*) **le rayon** lö rä'jõ
abwesend **absent** a'pßã
abziehen **déduire** de'düir
achtgeben (auf) **faire attention (à)** fär atã'ßjõ (a)
Adresse **l'adresse** *f* la'dräß
ähnlich **semblable** ßã'blablö; **~ sein** **ressembler** rößã'ble
aktiv **actif** ak'tif
Akzent **l'accent** *m* la'kßã
alle **tous** *m pl* tuß, **toutes** *f pl* tut
allein **seul** ßöl
alles **tout** tu
allmählich **progressif** prɔgrä'ßif; *adv* **peu à peu** pö a pö
als (*zeitl*) **quand** kã; (*Vergleich*) **que** kö; **~ ob** **comme si** kɔm ßi
also **donc** dõk
alt **vieux** wjö, *f:* **vieille** wjäj
Alter **l'âge** *m* lasch
Ampel **le feu (de signalisation)** lö fö (dö ßinjalisa'ßjõ)
sich amüsieren **s'amuser** ßamü'se
an **à** a; **am Meer** **au bord de la mer** o bɔr dö la mär; **am Montag** **lundi** lẽ'di
anbieten **offrir** ɔ'frir
Andenken **le souvenir** lö ßuw'nir
anderer **autre** 'otrö
ändern **changer** schã'sche
anders **autrement** otrö'mã
Anfang **le début** lö de'bü
anfangen **commencer** kɔmã'ße
Anfänger **le débutant** lö debü'tã; **~in** **la débutante** la debü'tãt
anfordern **réclamer** rekla'me
Angebot **l'offre** *f* 'lɔfrö
angenehm **agréable** agre'ablö
Angestellte **l'employée** *f* lãploa'je; **~r** **l'employé** *m* lãploa'je
angezogen **habillé** abi'je
Angst **la peur** la pör
anhalten **arrêter** arä'te; (*selbst*) **s'arrêter** ßarä'te
anklopfen **frapper** fra'pe
ankommen **arriver** ari'we; **es kommt darauf an** **cela dépend** ßö'la de'pã
Ankunft **l'arrivée** *f* lari'we
sich anmelden (*im Hotel*) **déclarer son arrivée** dekla're ßõn_ari'we; (*Kurs*) **s'inscrire** ßẽß'krir

annehmen **accepter** akßä'pte; *(vermuten)* **supposer** ßüpo'se
annullieren **annuler** anü'le
Anruf **le coup de téléphone** lö ku dö tele'fɔn
anrufen **téléphoner** telefɔ'ne
anscheinend **apparemment** apara'mã
ansehen **regarder** rögar'de
Ansicht **la vue** la wü; *(Meinung)* **l'opinion** *f* lɔpi'njõ
Ansichtskarte **la carte postale** la kart pɔß'tal
anstatt **au lieu de** o ljö dö
anstoßen **trinquer** trẽ'ke
sich anstrengen **faire des efforts** fär des‿e'fɔr
anstrengend **fatigant** fati'gã
Antrag **la demande** la dö'mãd
Antwort **la réponse** la re'põß
antworten **répondre** re'põdrö
anwesend **présent** pre'sã
anzahlen **verser un acompte** wär'ße ẽn‿a'kõt
Anzahlung **l'acompte** *m* la'kõt
anzeigen *(Polizei)* **déposer une plainte** depo'se ün plẽt
sich anziehen **s'habiller** ßabi'je
anzünden **allumer** alü'me
Apparat **l'appareil** *m* lapa'räj
Arbeit **le travail** lö tra'waj
arbeiten **travailler** trawa'je
arbeitslos sein **être au chômage** ätr o scho'masch
sich ärgern **se fâcher** ßö fa'sche
arm **pauvre** 'powrö
Art **la sorte** la ßort; *(Weise)* **la façon** la fa'ßõ; **auf diese ~ de cette façon** dö ßät fa'ßõ
Aschenbecher **le cendrier** lö ßãdri'je
Atem **la respiration** la räßpira'ßjõ
atmen **respirer** räßpi're
auch **aussi** o'ßi
auf **sur** ßür
aufbewahren **garder** gar'de
aufbrechen *(losgehen, abreisen)* **partir** par'tir
Aufenthalt **le séjour** lö ße'schur
auffordern (zu) **inviter (à)** ẽwi'te (a)
aufgeregt **excité** äkßi'te
aufhören **s'arrêter** ßarä'te
aufmachen **ouvrir** u'wrir
aufnehmen *(Foto)* **photographier** fɔtɔgra'fje; *(Ton)* **enregistrer** ãröschiß'tre; *(empfangen)* **accueillir** akö'jir
aufpassen **faire attention** fär atã'ßjõ
aufräumen **ranger** rã'sche
sich aufregen **s'énerver** ßenär'we
aufregend **passionnant** paßjɔ'nã
aufschieben **remettre** rö'mätrö
aufschreiben **noter** nɔ'te
aufstehen **se lever** ßö lö'we
aufwachen **se réveiller** ßö rewä'je
aufwärts **vers le haut** wär lö o
Aufzug **l'ascenseur** *m* laßã'ßör
Augenblick **l'instant** *m* lẽß'tã
aus *(Herkunft)* **de** dö; *(Material)* **en** ã; *(vorbei)* **fini** fi'ni
ausdrücken **exprimer** äkßpri'me
ausdrücklich **exprès** äkß'prä
Ausfahrt **la sortie** la ßɔr'ti
Ausflug **l'excursion** *f* läkßkür'ßjõ
ausführlich **détaillé** deta'je; *adv* **en détail** ã de'taj
ausfüllen *(Formular)* **remplir** rã'plir
Ausgang **la sortie** la ßɔr'ti
ausgeben **dépenser** depã'ße
ausgebucht **complet** kõ'plä
ausgehen **sortir** ßɔr'tir
ausgeschlossen **exclu** äkß'klü
ausgezeichnet **excellent** äkße'lã

Auskunft **le renseignement** lö rãßänj'mã; (*Telefon*) **les renseignements** *m pl* le rãßänj'mã
Ausland **l'étranger** *m* letrã'sche; **im ~** **à l'étranger** a letrã'sche
Ausländer **l'étranger** *m* letrã'sche; **~in** **l'étrangère** *f* letrã'schär
ausländisch **étranger** etrã'sche
ausmachen (*vereinbaren*) **convenir** kõwö'nir; (*Licht*) **éteindre** e'tẽdrö
Ausnahme **l'exception** *f* läkßäp'ßjõ
auspacken **défaire ses valises** de'fär ße wa'lis
ausreichen **suffire** ßü'fir
ausreichend **suffisant** ßüfi'sã
sich ausruhen **se reposer** ßö röpɔ'se
ausschalten (*Licht*) **éteindre** e'tẽdrö; (*Maschine*) **arrêter** arä'te
Aussehen **l'apparence** *f* lapa'rãß
außen **dehors** dö'ɔr
außer **à part** a par
außerdem **de plus** dö plüß
außerhalb **à l'extérieur** a läkßte'rjör
Aussicht **la vue** la wü
Aussprache **la prononciation** la prɔnõßja'ßjõ
aussprechen **prononcer** prɔnõ'ße
aussteigen **descendre** de'ßãdrö
Ausstellung **l'exposition** *f* läkßposi'ßjõ
Austausch **l'échange** *m* le'schãsch
Ausverkauf **les soldes** *f pl* le 'ßɔldö
ausverkauft **complet** kõ'plä
Auswahl **le choix** lö schoa
auswählen **choisir** schoa'sir
Ausweis **la pièce d'identité** la pjäß didãti'te
ausziehen (*Kleidungsstück*) **enlever** ãl'we; (*Wohnung*) **déménager** demena'sche
sich ausziehen **se déshabiller** ßö desabi'je
Automat **le distributeur automatique** lö dißtribü'tör ɔtɔma'tik
automatisch **automatique** ɔtɔma'tik

B

Bad **le bain** lö bẽ; (*Badezimmer*) **la salle de bains** la ßal dö bẽ
baden **prendre un bain** prãdr ẽ bẽ
bald **bientôt** bjẽ'to
Balkon **le balcon** lö bal'kõ
Ball (*Spiel*) **la balle** la bal; (*Tanz*) **le bal** lö bal
Bank **la banque** la bãk; (*Parkbank*) **le banc** lö bã
bar **comptant** kõ'tã; **~ zahlen** **payer comptant** pä'je kõ'tã
Bargeld **l'argent** *m* **liquide** lar'schã li'kid
Batterie **la pile** la pil; (*Auto*) **la batterie** la bat'ri
bauen **construire** kõß'trüir
Bauer **le paysan** lö pei'sã
Bauernhof **la ferme** la 'färmö
Baum **l'arbre** *m* 'larbrö
Baustelle **le chantier** lö schã'tje
beantworten **répondre** re'põdrö
bedauern **regretter** rögrä'te
bedeuten **signifier** ßinji'fje
Bedeutung **la signification** la ßinjifika'ßjõ
bedienen **servir** ßär'wir

Bedingung **la condition** la kõdi'ßjõ; **unter der ~, dass à condition que** a kõdi'ßjõ kö
sich beeilen **se dépêcher** ßö depä'sche
beeindruckend **impressionnant** ẽpräßjɔ'nã
beenden **terminer** tärmi'ne
befestigen **fixer** fi'kße
sich befinden **se trouver** ßö tru'we
befürchten **craindre** 'krẽdrö
begegnen **rencontrer** rãkõ'tre
begeistert **enthousiasmé** ãtusjas'me
Beginn **le début** lö de'bü
beginnen **commencer** kɔmã'ße
begleiten **accompagner** akõpa'nje
begreifen **comprendre** kõ'prãdrö
begrüßen **saluer** ßalü'e
behalten **garder** gar'de
behandeln **traiter** trä'te
Behandlung **le traitement** lö trät'mã
behaupten **affirmer** afir'me
behindern **gêner** schä'ne
bei (*nah*) **près de** prä dö; **~ j-m chez quelqu'un** sche käl'kẽ
beide **les deux** le dö; **alle ~ tous les deux** tu le dö
beinahe **presque** 'präßkö
Beispiel **l'exemple** *m* lä'gsãplö; **zum ~ par exemple** par ä'gsãplö
beißen **mordre** 'mɔrdrö
bekannt **connu** kɔ'nü
Bekanntschaft **la connaissance** la kɔnä'ßãß
sich beklagen **se plaindre** ßö 'plẽdrö
bekommen **recevoir** rößö'woar
belästigen **importuner** ẽpɔrtü'ne

beleidigen **insulter** ẽßül'te
Beleidigung **l'insulte** *f* lẽ'ßült
Belgien **la Belgique** la bäl'schik
bemerken **remarquer** römar'ke
Bemerkung **la remarque** la rö'mark
benachrichtigen **prévenir** prew'nir
sich benehmen **se comporter** ßö kõpɔr'te
benutzen **utiliser** ütili'se
beobachten **observer** ɔpßär'we
bequem **confortable** kõfɔr'tablö
bereit **prêt** prä
Berg **la montagne** la mõ'tanj
berichtigen **rectifier** räkti'fje
Beruf **la profession** la prɔfä'ßjõ
beruhigen **calmer** kal'me
berühmt **célèbre** ße'läbrö
berühren **toucher** tu'sche
beschädigen **abîmer** abi'me
beschäftigen **occuper** ɔkü'pe
beschließen **décider** deßi'de
beschreiben **décrire** de'krir
Beschreibung **la description** la däßkrip'ßjõ
beschützen **protéger** prɔte'sche
sich beschweren **se plaindre** ßö 'plẽdrö
besetzt **occupé** ɔkü'pe
besichtigen **visiter** wisi'te
Besichtigung **la visite** la wi'sit
besitzen **posséder** pɔße'de
Besitzer **le propriétaire** lö prɔprije'tär
besonderer **particulier** partikü'lje; **besonders en particulier** ã partikü'lje
besorgen **procurer** prɔkü're
besorgt **inquiet** ẽ'kjä
besprechen **discuter** dißkü'te
besser **meilleur** mä'jör; *adv* **mieux** mjö

bestätigen **confirmer** kõfir'me
Bestätigung **la confirmation** la kõfirma'ßjõ
bestellen **commander** kɔmã'de
Bestellung **la commande** la kɔ'mãd
bester **le meilleur** lö mä'jör
bestimmt **certain** ßär'tẽ; *adv* **certainement** ßärtän'mã
bestrafen **punir** pü'nir
Besuch **la visite** la wi'sit
j-n besuchen **rendre visite à quelqu'un** 'rãdrö wi'sit‿a käl'kẽ
Betrag **le montant** lö mõ'tã
betrügen **tromper** trõ'pe; (*um Geld*) **escroquer** äßkro'ke
beunruhigt **inquiet** ẽ'kjä
bevor **avant de** + *Inf* a'wã dö
bevorzugen **préférer** prefe're
bewacht **surveillé** ßürwä'je
bewegen **bouger** bu'sche; **sich ~** **bouger** bu'sche
Bewegung **le mouvement** lö muw'mã
Beweis **la preuve** la pröw
beweisen **prouver** pru'we
Bewohner **l'habitant** *m* labi'tã
bewundern **admirer** admi're
Bewunderung **l'admiration** *f* ladmira'ßjõ
bewusst **conscient** kõ'ßjã; *adv* **consciemment** kõßja'mã
Bewusstsein **la conscience** la kõ'ßjãß
bezahlen **payer** pä'je
Bibliothek **la bibliothèque** la biblio'täk
Bild **l'image** *f* li'masch; (*Kunst*) **le tableau** lö ta'blo; (*Foto*) **la photo** la fɔ'to
bilden **former** fɔr'me
billig **bon marché** bõ mar'sche; **~er** **meilleur marché** mä'jör mar'sche
bis **jusqu'à** schüßka
bisher **jusqu'ici** schüßk‿i'ßi
Biss **la morsure** la mɔr'ßür; **ein bisschen** **un peu** ẽ pö
bitte **s'il vous plaît** ßil wu plä; (*gern geschehen*) **je vous en prie** schö wus‿ã pri; **wie ~?** **pardon?** par'dõ?
bitten (j-n um etw) **demander (quelque chose à quelqu'un)** dömã'de (kälkö schos a käl'kẽ)
Blatt **la feuille** la föj
bleiben **rester** räß'te
Blick **le regard** lö rö'gar; (*Ausblick*) **la vue** la wü
blind **aveugle** a'wöglö
blühen **fleurir** flö'rir
Blume **la fleur** la flör
Boden **le sol** lö ßɔl
Botschaft (*diplomatische Vertretung*) **l'ambassade** *f* lãba'ßad
Brand **l'incendie** *m* lẽßã'di
Brauch **l'usage** *m* lü'sasch
brauchen (etwas) **avoir besoin (de)** a'woar bö'soẽ (dö)
breit **large** larsch
brennen **brûler** brü'le
Brief **la lettre** la 'lätrö
Brieftasche **le portefeuille** lö pɔrtö'föj
Brille **les lunettes** *f pl* le lü'nät
bringen (*Sachen*) **apporter** apɔr'te; (*Personen*) **emmener** ãm'ne; **nach Hause ~** **raccompagner** rakõpa'nje
Brücke **le pont** lö põ
Bruder **le frère** lö frär
Buch **le livre** lö 'liwrö
buchen **réserver** resär'we
Buchstabe **la lettre** la 'lätrö
buchstabieren **épeler** ep'le
Buchung **la réservation** la resärwa'ßjõ
Büro **le bureau** lö bü'ro

C

Café (*mit Kuchen*) **le salon de thé** lö sa'lõ dö te; (*Kneipe*) **le café** lö ka'fe
CD le CD lö ße'de
Cent le centime lö ßã'tim
Chef le chef lö schäf
Computer l'ordinateur lordina'tör
Creme la créme la kräm

D

da là la; (*weil*) **comme** kɔm
Dach le toit lö toa
dafür à la place a la plaß; **~ sein être pour** 'ätrö pur
dagegen par contre par 'kõtrö; **~ sein être contre** 'ätrö 'kõtrö
damals autrefois otrö'foa
danach après a'prä
dankbar reconnaissant rökɔnä'ßã
danke merci mär'ßi
danken remercier römär'ßje
dann ensuite ã'ßüit
dass que kö
dasselbe la même chose la mäm schos
Datum la date la dat
dauern durer dü're
Decke (*Bettdecke*) **la couverture** la kuwär'tür; (*Zimmerdecke*) **le plafond** lö pla'fõ
denken (an) penser (à) pã'ße (a)
denn car kar
dennoch pourtant pur'tã
deshalb c'est pourquoi ßä pur'koa
deutlich clair klär
deutsch allemand al'mã
Deutschland l'Allemagne *f* lal'manj
dick épais e'pä; (*Menschen*) **gros** gro
Dienst le service lö ßär'wiß
Ding la chose la schos
direkt direct di'räkt
doch (*als Antwort*) **si** ßi
Dolmetscher(in) l'interprète *m, f* lẽtär'prät
doppelt double 'dublö
Dorf le village lö wi'lasch
dort là-bas la'ba
Dose la boîte la boat
Dosenöffner l'ouvre-boîte *m* luwrö‿'boat
draußen dehors dö'ɔr
drehen tourner tur'ne
dringend urgent ür'schã; *adv* **d'urgence** dür'schãß
drinnen dedans dö'dã
Droge la drogue la drɔg
drohen menacer möna'ße
Drohung la menace la mö'naß
drüben de l'autre côté de 'lotrö ko'te
drücken (*Knopf*) **appuyer** apüi'je; (*Schuhe usw*) **serrer** ße're; (*Tür*) **pousser** pu'ße
du tu tü; (*betont*) **toi** toa
dumm bête bät
dunkel sombre 'ßõbrö
dünn mince mẽß
durch par par; **quer ~ à travers** a tra'wär; (*mittels*) **grâce à** graß‿a
durchschnittlich moyen moa'jẽ, *f:* **moyenne** moa'jän, *adv* **en moyenne** ã moa'jän
Durchzug le courant d'air lö ku'rã där
dürfen pouvoir pu'woar
Durst la soif la ßoaf
Dusche la douche la dusch
duschen prendre une douche prãdr ün dusch

E

eben (*flach*) **plat** pla; (*zeitl*) **juste** 'schüßt
Ebene la plaine la plän
echt authentique otã'tik
Ecke le coin lö koẽ
egal: das ist mir egal cela m'est égal ßö'la mät_e'gal
Ehe le mariage lö ma'rjasch
Ehefrau la femme la fam
Ehemann le mari lö ma'ri
eher plus tôt plü to
eigentlich proprement dit prɔprö'mã di; *adv* **au fond** o fõ
eilig pressé pre'ße; **ich habe es ~ je suis pressé** schö ßüi pre'ße
ein un ẽ,**~e une** *f* ün
einfach simple 'ßẽplö
Einfahrt l'entrée *f* lã'tre
Einfluss l'influence *f* lẽflü'ãß
Eingang l'entrée *f* lã'tre
einige quelques 'kälkö
sich einigen (auf) se mettre d'accord (sur) ßö 'mätrö da'kɔr (ßür)
einkaufen faire des courses fär de kurß
einladen inviter ẽwi'te
Einladung l'invitation *f* lẽwita'ßjõ
einmal une fois ün foa
einpacken emballer ãba'le
einschalten brancher brã'sche
einschlafen s'endormir ßãdɔr'mir
einsteigen monter mõ'te
Eintritt l'entrée *f* lã'tre
einverstanden sein être d'accord 'ätrö da'kɔr
Einweihung l'inauguration *f* linogüra'ßjõ
einwickeln envelopper ãwlɔ'pe
Einzelheit le détail lö de'taj
einzeln *adv* **séparément** ßepare'mã
einzig unique ü'nik
elegant élégant ele'gã
elektrisch électrique eläk'trik
Eltern les parents *m pl* le pa'rã
empfangen recevoir rößö'woar
Empfang (*Hotel*) **la réception** la reßäp'ßjõ
empfehlen recommander rökɔmã'de
empfindlich sensible ßã'ßiblö
Ende (*zeitl*) **la fin** la fẽ; (*örtl*) **le bout** lö bu
enden se terminer ßö tärmi'ne
endlich enfin ã'fẽ
eng étroit e'troa
Enkel le petit-fils lö pöti'fiß; **~in la petite-fille** la pö'tit fij
Entfernung la distance la diß'tãß
enthalten contenir kõtö'nir
entschädigen dédommager dedɔma'sche
entscheiden décider deßi'de
Entscheidung la décision la deßi'sjõ
entschuldigen excuser äkßkü'se
enttäuschen décevoir deßö'woar; **ich bin enttäuscht je suis déçu** schö ßüi de'ßü
Enttäuschung la déception la deßäp'ßjõ
entweder ... oder ou bien ... ou bien u bjẽ u bjẽ
er il il; (*betont*) **lui** lüi
Erde la terre la tär
Erdgeschoss le rez-de-chaussée lö redscho'ße
Ereignis l'événement *m* lewän'mã
erfahren apprendre a'prãdrö
Erfahrung l'expérience *f* läkßpe'rjãß

erfinden **inventer** ẽwã'te
Erfolg **le succès** lö ßü'kßä
ergänzen **compléter** kõple'te
Ergebnis **le résultat** lö resül'ta
erinnern: j-n an etw erinnern **rappeler quelque chose à quelqu'un** rap'le kälkö schos‿a käl'kẽ; **sich an etw erinnern** **se rappeler quelque chose** ßö rap'le kälkö schos
Erinnerung **le souvenir** lö ßuw'nir
erklären **expliquer** äkßpli'ke
Erklärung **l'explication** *f* läkßplika'ßjõ
sich erkundigen (nach) **se renseigner (sur)** ßö rãßä'nje (ßür)
erlauben **permettre** pär'mätrö
Erlaubnis **l'autorisation** *f* lɔtɔrisa'ßjõ
Ermäßigung **la réduction** la redük'ßjõ
ernst **sérieux** ße'rjö
erreichen **atteindre** a'tẽdrö; (*Zug usw*) **attraper** atra'pe
erschöpft **épuisé** epüi'se
ersetzen **remplacer** rãpla'ße
ertragen **supporter** ßüpɔr'te
Erwachsene(r) **l'adulte** *m, f* la'dült
erwähnen **mentionner** mãßjɔ'ne
erwarten **attendre** a'tãdrö
erzählen **raconter** rakõ'te
essen **manger** mã'sche; **~ gehen** **aller manger (au restaurant)** a'le mã'sche (o räßto'rã)
Etage **l'étage** *m* le'tasch
etwa **à peu près** a pö prä
etwas **quelque chose** kälkö schos; (*ein wenig*) **un peu (de)** ẽ pö (dö)
Euro **l'euro** *m* lö'ro
Europa **l'Europe** *f* lö'rɔp
europäisch **européen** örope'ẽ
extra **à part** a par

F

Fabrik **l'usine** *f* lü'sin
Faden **le fil** lö fil
fahren **aller** a'le; (*lenken*) **conduire** kõ'düir
Fahrer **le conducteur** lö kõdük'tör
Fahrrad **la bicyclette** la bißi'klät
Fahrstuhl **l'ascenseur** *m* laßã'ßör
Fahrt **le trajet** lö tra'schä
Fall **le cas** lö ka
fallen **tomber** tõ'be
falsch **faux** fo, *f:* **fausse** foß
Familie **la famille** la fa'mij
fangen **attraper** atra'pe
Fantasie **l'imagination** *f* limaschina'ßjõ
Farbe **la couleur** la ku'lör
fast **presque** 'präßkö
fehlen **manquer** mã'ke
Fehler **défaut** *m* de'fo; (*Schuld*) **faute** *f* fot
Feiertag **le jour férié** lö schur fe'rje
fein **fin** fẽ
Feld **le champ** lö schã
Fels(en) **le rocher** lö rɔ'sche
Fenster **la fenêtre** la fö'nätrö
Ferien **les vacances** *f pl* le wa'kãß
Fernsehen **la télévision** la telewi'sjõ
fertig **prêt** prä
fest **solide** ßɔ'lid
Fest **la fête** la fät
feucht **humide** ü'mid
Feuchtigkeit **l'humidité** *f* lümidi'te

Feuer **le feu** lö fö
Feuerzeug **le briquet** lö bri'kä
Film (*Kino*) **le film** lö film; (*Foto*) **la pellicule** la päli'kül
finden **trouver** tru'we
fischen **pêcher** pä'sche
flach **plat** pla
Flamme **la flamme** la flam
Flasche **la bouteille** la bu'täj
Fleck **la tache** la tasch
fliegen **voler** wɔ'le
fließen **couler** ku'le
Flügel **l'aile** *f* läl
Fluss **la rivière** la ri'wjär
flüssig **liquide** li'kid
Folge **la conséquence** la kõße'käß
folgen **suivre** 'ßüiwrö
fordern **exiger** ägsi'sche
Form **la forme** la form
Formular **le formulaire** lö fɔrmü'lär
fortsetzen **continuer** kõti'nüe
Foto **la photo** la fɔ'to
fotografieren **prendre des photos** 'prãdrö de fɔ'to
Frage **la question** la käß'tjõ
fragen **demander** dömã'de
Frankreich **la France** la frãß
französisch **français** frã'ßä
Frau **la femme** la fam; (*Anrede oder mit Namen*) **madame** ma'dam
frei **libre** 'librö
Freude **la joie** la schoa
sich freuen **être heureux** ätr ö'rö, *f:* **être heureuse** ätr‿ö'rös
Freund **l'ami** *m* la'mi; **~in** **l'amie** *f* la'mi
freundlich **aimable** ä'mablö
Friede **la paix** la pä
frieren **avoir froid** a'woar froa
frisch **frais** frä, *f:* **fraîche** fräsch
froh **content** kõ'tã
früh **tôt** to
fühlen **sentir** ßã'tir
führen **conduire** kõ'düir
funktionieren **fonctionner** fõkßjɔ'ne
für **pour** pur
fürchten **avoir peur** a'woar pör
fürchterlich **terrible** tä'riblö
Fußgänger **le piéton** lö pje'tõ

G

ganz **tout** tu; *adv* **complètement** kõplät'mã
Garantie **la garantie** la garã'ti
gar nicht **pas du tout** pa dü tu
Garten **le jardin** lö schar'dẽ
Gas **le gaz** lö gas
Gast **l'invité** lẽwi'te; (*zahlender Gast*) **le client** lö kli'jã
Gebäude **le bâtiment** lö bati'mã
geben **donner** dɔ'ne
Gebirge **les montagnes** *f pl* le mõ'tanj
geboren: ich bin am ... ~ **je suis né le ...** schö ßüi ne lö
gebrauchen **utiliser** ütili'se
Geburt **la naissance** la nä'ßãß
Geburtstag **l'anniversaire** *m* laniwär'ßär
Gedächtnis **la mémoire** la me'moar
Gedanke **l'idée** *f* li'de
Geduld **la patience** la pa'ßjãß
geduldig **patient** pa'ßjã
Gefahr **le danger** lö dã'sche
gefährlich **dangereux** dãsch'rö
gefallen **plaire** plär
Gefühl **le sentiment** lö ßãti'mã
gegen **contre** 'kõtrö; (*in Richtung u. zeitl*) **vers** wär
Gegend **la région** la re'schjõ
Gegenstand **l'objet** *m* lɔb'schä

Gegenteil **le contraire** lö kõ'trär; **im ~** **au contraire** o kõ'trär
gegenüber (von) **vis-à-vis (de)** wisa'wi (dö)
Geheimnis **le secret** lö ßö'krä
gehen (*zu Fuß*) **marcher** mar'sche; (*irgendwohin*) **aller** a'le; **Wie geht's?** **Ça va?** ßa wa?
gehorchen **obéir** ɔbe'ir
gehören **appartenir** apartö'nir
Geld **l'argent** *m* lar'schã
Gelegenheit **l'occasion** *f* lɔka'sjõ
gelingen **réussir** reü'ßir
gemeinsam **commun** kɔ'mẽ
genau **exact** e'gsakt
genug **assez** a'ße
geöffnet **ouvert** u'wär
Gepäck **les bagages** *m pl* le ba'gasch
gerade **droit** droa
geradeaus **tout droit** tu droa
Geräusch **le bruit** lö brüi
Gericht (*Essen*) **le plat** lö pla; (*Justiz*) **le tribunal** lö tribü'nal
gern **volontiers** wɔlõ'tje
Geruch **l'odeur** *f* lɔ'dör
Gesang **le chant** lö schã
Geschäft (*Laden*) **le magasin** lö maga'sẽ; (*Handel*) **l'affaire** *f* la'fär
geschehen **arriver** ari'we
Geschenk **le cadeau** lö ka'do
Geschichte **l'histoire** *f* liß'toar
geschickt **adroit** a'droa
Geschirr **la vaisselle** la wä'ßäl
Geschlecht **le sexe** lö ßäkß
geschlossen **fermé** fär'me
Geschmack **le goût** lö gu
Geschwindigkeit **la vitesse** la wi'täß
Gesellschaft **la société** la ßɔßje'te
Gesetz **la loi** la loa
gesperrt **barré** ba're
Gespräch **la conversation** la kõwärßa'ßjõ
gestehen **avouer** awu'e
gestern **hier** jär
gestohlen **volé** wɔ'le
gestürzt **tombé** tõ'be
gesund (*Klima usw*) **sain** ßẽ; (*Person*) **en bonne santé** ã bɔn ßã'te
Gesundheit **la santé** la ßã'te
Getränk **la boisson** la boa'ßõ
getrennt **séparé** ßepa're
Gewicht **le poids** lö poa
gewiss **certain** ßär'tẽ
Gewissheit **la certitude** la ßärti'tüd
sich gewöhnen (an) **s'habituer (à)** ßabitü'e (a)
Gewohnheit **l'habitude** *f* labi'tüd
gießen **arroser** aro'se
giftig (*Tier*) **venimeux** wöni'mö; (*Pflanze*) **vénéneux** wene'nö
Gipfel **le sommet** lö ßɔ'mä
Gitter **la grille** la grij
glänzend **brillant** bri'jã
Glas **le verre** lö wär
glatt (*rutschig*) **glissant** gli'ßã
glauben **croire** kroar
gleich **pareil** pa'räj; (*sofort*) **tout de suite** tut‿'ßüit
gleichzeitig **en même temps** ã mäm tã
Glück **la chance** la schãß
glücklich **heureux** ö'rö
Glückwünsche **les félicitations** *f pl* le felißita'ßjõ
Gras **l'herbe** *f* 'lärbö
gratis **gratuit** gra'tüi
gratulieren **féliciter** felißi'te
Grenze **la frontière** la frõ'tjär
groß **grand** grã
großartig **magnifique** manji'fik

Größe (*Kleidung*) **la taille** la taj; (*Schuhe*) **la pointure** la poẽ'tür
Großmutter **la grand-mère** la grã'mär
Großvater **le grand-père** lö grã'pär
Grund **la raison** la rä'sõ
Gruppe **le groupe** lö grup
gültig **valable** wa'lablö
gut **bon** bõ; *adv* **bien** bjẽ
Gymnasium **le lycée** lö li'ße

H

haben **avoir** a'woar; **ich hätte gern** **j'aimerais** schäm'rä
halb **demi** dö'mi; *adv* **à moitié** a moa'tje
Hälfte **la moitié** la moa'tje
Halt! **Stop!** ßtɔp!
halten **tenir** tö'nir; (*stehenbleiben*) **s'arrêter** ßarä'te
Handtuch **la serviette** la ßär'wjät
hart **dur** dür
hässlich **laid** lä
häufig **fréquent** fre'kã; *adv* **fréquemment** freka'mã
Hauptsaison **la haute saison** la ot ßä'sõ
Hauptstadt **la capitale** la kapi'tal
Hauptstraße **la rue principale** la rü prẽßi'pal
Haus **la maison** la mä'sõ
hausgemacht **(fait) maison** (fä) mä'sõ
heilen **guérir** ge'rir
heiraten (j-n) **se marier (avec quelqu'un)** ßö ma'rje (a'wäk käl'kẽ)
heiß **chaud** scho
heißen (*bedeuten*) **signifier** ßinji'fje; (*sich nennen*) **s'appeler** ßap'le
heizen **chauffer** scho'fe
Heizung **le chauffage** lö scho'fasch
helfen **aider** ä'de
hell **clair** klär
herabsetzen (*Preis*) **baisser** bä'ße
heraufsetzen (*Preis*) **augmenter** ɔgmã'te
Herein! **Entrez!** ã'tre!
hereinkommen **entrer** ã'tre
Herr **monsieur** mö'ßjö
herrlich **magnifique** manji'fik
herstellen **fabriquer** fabri'ke
Herstellung **la fabrication** la fabrika'ßjõ
heute **aujourd'hui** oschur'düi
hier **ici** i'ßi
Hilfe **l'aide** *f* läd
Himmel **le ciel** lö ßjäl
hinaufgehen **monter** mõ'te
hinausgehen **sortir** ßɔr'tir
hineingehen **entrer** ã'tre
sich hinlegen **s'allonger** ßalõ'sche
sich hinsetzen **s'asseoir** ßa'ßoar
hinten **derrière** där'jär
hinter **derrière** där'jär
hinuntergehen **descendre** de'ßãdrö
hinzufügen **ajouter** aschu'te
Hitze **la chaleur** la scha'lör
hoch **haut** o
höchstens **au plus** o plüß
Hochzeit **le mariage** lö ma'rjasch
Hof **la cour** la kur
hoffen **espérer** äßpe're
Hoffnung **l'espoir** *m* läß'poar
höflich **poli** pɔ'li
Höflichkeit **la politesse** la pɔli'täß

Höhe **la hauteur** la o'tör; (*Berg, Flugzeug*) **l'altitude** *f* lalti'tüd
holen **aller chercher** a'le schär'sche
Holz **le bois** lö boa
hören **entendre** ã'tãdrö
hübsch **joli** schɔ'li
Hügel **la colline** la kɔ'lin
Hund **le chien** lö schjẽ
Hunger **la faim** la fẽ

I

ich **je** schö; (*betont*) **moi** moa
Idee **l'idée** *f* li'de
ihr (*2. Pers pl*) **vous** wu
Imbiss **le casse-croûte** lö kaß'krut
immer **toujours** tu'schur
imstande sein (zu) **être capable (de)** 'ätrö ka'pablö (dö)
in **dans** dã,**en** ã
inbegriffen **compris** kõ'pri
Information **l'information** *f* lẽfɔrma'ßjõ
informieren **informer** ẽfɔr'me
innen **dedans** dö'dã
innerhalb (*zeitl*) **en** ã
Insekt **l'insecte** *m* lẽ'ßäktö
Insel **l'île** *f* lil
insgesamt **en tout** ã tu
intelligent **intelligent** ẽteli'schã
interessant **intéressant** ẽtere'ßã
interessieren **intéresser** ẽtere'ße; **sich ~ (für)** **s'intéresser (à)** ßẽterä'ße (a)
international **international** ẽtärnaßjɔ'nal
inzwischen **entre-temps** ãtrö'tã
sich irren **se tromper** ßö trõ'pe
Irrtum **l'erreur** *f* lä'rör

J

ja **oui** ui
Jahr **l'an** *m* lã; (*als Dauer*) **l'année** *f* la'ne
Jahrhundert **le siècle** lö 'ßjäklö
jede(-r, -s) *adj* **chaque** schak; *Subst* **chacun** *m* scha'kẽ, **chacune** *f* scha'kün
jedesmal **chaque fois** schak foa
jemand **quelqu'un** käl'kẽ
jetzt **maintenant** mẽt'nã
jung **jeune** schön
Junge **le garçon** lö gar'ßõ

K

Kalender **le calendrier** lö kalãdri'je
kalt **froid** froa
Kamin **la cheminée** la schömi'ne
kaputt **cassé** ka'ße
Kasse **la caisse** la käß
kaufen **acheter** asch'te
kaum **à peine** a pän
keine(-r, -s) *adj* **aucun** *m* o'kẽ; **aucune** *f* o'kyn, *Subst* **personne** *m, f* pär'ßɔn
Keller **la cave** la kaw
kennen **connaître** kɔ'nätrö
kennenlernen (j-n) **faire la connaissance (de quelqu'un)** fär la kɔnä'ßãß (dö käl'kẽ)
Kilo **le kilo** lö ki'lo
Kilometer **le kilomètre** lö kilɔ'mätrö
Kind **l'enfant** *m* lã'fã
Kissen **le coussin** lö ku'ßẽ; (*Kopfkissen*) **l'oreiller** *m* lɔrä'je
Kiste **la caisse** la käß
klar **clair** klär

kleben **coller** kɔ'le
klein **petit** pö'ti
klettern **grimper** grẽ'pe
Klima **le climat** lö kli'ma
Klingel **la sonnette** la ßɔ'nät
klingeln **sonner** ßɔ'ne
klopfen **frapper** fra'pe
klug **intelligent** ẽteli'schã
Knopf **le bouton** lö bu'tõ
Knoten **le nœud** lö nö
kochen **faire la cuisine** fär la küi'sin; **das Wasser kocht** **l'eau bout** lo bu
kommen **venir** wö'nir
können **pouvoir** pu'woar
Konsulat **le consulat** lö kõßü'la
kontrollieren **contrôler** kõtro'le
Korb **le panier** lö pa'nje
korrekt **correct** kɔ'räkt
kosten **coûter** ku'te
kostenlos **gratuit** gra'tüi
Krach **le bruit** lö brüi
Kraft **la force** la 'fɔrßö
kräftig **fort** fɔr
krank **malade** ma'lad; **~ werden** **tomber malade** tõ'be ma'lad
Krankheit **la maladie** la mala'di
Kreis **le cercle** lö 'ßärklö
kritisieren **critiquer** kriti'ke
Küche **la cuisine** la küi'sin
kühl **frais** frä, *f:* **fraîche** fräsch
Kühlschrank **le réfrigérateur** lö refrischera'tör
Kultur **la culture** la kül'tür
sich kümmern (um) **s'occuper (de)** ßɔkü'pe (dö)
Kunde **le client** lö kli'jã
Kundin **la cliente** la kli'jät
Kunst **l'art** *m* lar
Künstler(in) **l'artiste** *m, f* lar'tißt
kurz **court** kur; *adv* **brièvement** briäw'mã
Kuss **le baiser** lö bä'se
küssen **embrasser** ãbra'ße

L

lächeln **sourire** ßu'rir
lachen **rire** rir
lächerlich **ridicule** ridi'kül
Lage **la situation** la ßitüa'ßjõ
Lampe **la lampe** la lãp
Land **le pays** lö pe'i; (*im Gegensatz zur Stadt*) **la campagne** la kã'panj
lang **long** lõ, *f:* **longue** lõg; *adv* **longtemps** lõ'tã
Länge **la longueur** la lõ'gör
langsam **lent** lã
langweilig **ennuyeux** ãnüi'jö
lassen **laisser** lä'ße
laufen **courir** ku'rir
laut **bruyant** brü'jã; **~ sprechen** **parler fort** par'le fɔr
läuten **sonner** ßɔ'ne
Leben **la vie** la wi
leben **vivre** 'wiwrö
ledig **célibataire** ßeliba'tär
leer **vide** wid
legen **mettre** 'mätrö
leicht (*Gewicht*) **léger** le'sche; (*einfach*) **facile** fa'ßil
leider **malheureusement** malörös'mã
leihen (*j-m etw*) **prêter** prä'te; (*von j-m etw*) **emprunter** ãprẽ'te
leise **silencieux** ßilã'ßjö; **doucement** *adv* duß'mã
lernen **apprendre** a'prãdrö
lesen **lire** lir
letzter **dernier** där'nje
Leute **les gens** le schã
Licht **la lumière** la lü'mjär
lieb **cher** schär
Liebe **l'amour** *m* la'mur
lieben **aimer** ä'me
lieber: ich würde ~ **j'aimerais mieux ...** schäm'rä mjö; **~ mögen** **préférer** prefe're

Lied **la chanson** la schã'ßõ
liefern **livrer** li'wre
liegen **être couché** 'ätrö ku'sche; (*sich befinden*) **se trouver** ßö tru'we
Linie **la ligne** la linj
links **à gauche** a gosch
Liste **la liste** la 'lißtö
Liter **le litre** lö 'litrö
Loch **le trou** lö tru
logisch **logique** lɔ'schik
Lohn **le salaire** lö ßa'lär
löschen **éteindre** e'tẽdrö
Lösung **la solution** la ßɔlü'ßjõ
Luft **l'air** *m* lär
lüften **aérer** ae're
Lüge **le mensonge** lö mã'ßõsch
lügen **mentir** mã'tir
Lust: **~ haben (zu)** **avoir envie (de)** a'woar ã'wi (dö)
lustig **amusant** amü'sã

M

machen **faire** fär; **das macht nichts** **cela ne fait rien** ßö'la nö fä rjẽ; **Urlaub ~** **passer des vacances** pa'ße de wa'kãß
Mädchen **la jeune fille** la schön fij; **kleines ~** **la petite fille** la pö'tit fij
mager **maigre** 'mägrö
Mama **maman** *f* ma'mã
man **on** õ
manchmal **quelquefois** kälkö'foa
Mann **l'homme** *m* lɔm
Marke **la marque** la 'markö
Markt **le marché** lö mar'sche
Maschine **la machine** la ma'schin
Maß **la mesure** la mö'sür
Material (*Stoff*) **la matière** la ma'tjär
Matratze **le matelas** lö mat'la
Mauer **le mur** lö mür
Meer **la mer** la mär
mehr **plus** plü(ß)
mehrere **plusieurs** plü'sjör
mehrmals **plusieurs fois** plü'sjör foa
Mehrwertsteuer **la TVA** la tewe'a
meinen **penser** pã'ße
Meinung **l'opinion** *f* lɔpi'njõ; **meiner ~ nach** **à mon avis** a mõn‿a'wi
meist **le plus souvent** lö plü ßu'wã
melden **annoncer** anõ'ße
Menge **la quantité** la kãti'te; (*Menschen*) **la foule** la ful
Mensch **l'homme** *m* lɔm
menschlich **humain** ü'mẽ
Mentalität **la mentalité** la mãtali'te
merken **remarquer** römar'ke; **sich ~** **se rappeler** ßö rap'le
Merkmal **la caractéristique** la karakteri'ßtik
merkwürdig **étrange** e'trãsch
messen **mesurer** mäsü're
Metall **le métal** lö me'tal
Meter **le mètre** lö 'mätrö
Miete **le loyer** lö loa'je
mieten **louer** lu'e
minderjährig **mineur** mi'nör
mindestens **au moins** o moẽ
Minute **la minute** la mi'nüt
mischen **mélanger** melã'sche
Mischung **le mélange** lö me'lãsch
Misstrauen **la méfiance** la me'fjãß
Missverständnis **le malentendu** lö malãtã'dü
mit **avec** a'wäk
mitbringen (*Sache*) **apporter** apɔr'te; (*Person*) **amener** am'ne

Mitglied **le membre** lö 'mãbrö
mitkommen **accompagner** akõpa'nje
mitnehmen (*Sache*) **emporter** ãpɔr'te; (*Person*) **emmener** ãm'ne
Mittag **le midi** lö mi'di
Mitte **le milieu** lö mi'ljö
Mitteilung **l'information** *f* lẽfɔrma'ßjõ
Mittel **le moyen** lö moa'jẽ; (*Medikament*) **le remède** lö rö'mäd
Mittelmeer **la Méditerranée** la meditära'ne
Möbel **le meuble** lö 'möblö
Mode **la mode** la mɔd
modern **moderne** mɔ'därn
mögen **aimer** ä'me; **ich möchte** **je voudrais** schö wu'drä
möglich **possible** pɔ'ßiblö
Möglichkeit **la possibilité** la pɔßibili'te
Moment **le moment** lö mɔ'mã
Monat **le mois** lö moa
Mond **la lune** la lün
Morgen **le matin** lö ma'tẽ
morgen **demain** dö'mẽ
Motor **le moteur** lö mɔ'tör
müde **fatigué** fati'ge
Mühe **la peine** la pän; **es ist nicht der ~ wert** **cela ne vaut pas la peine** ßö'la nö wo pa la pän
Müll **les ordures** *f pl* les‿ɔr'dür
Mülleimer **la poubelle** la pu'bäl
Münze **la pièce** la pjäß
Musik **la musique** la mü'sik
müssen **devoir** dö'woar
Mutter **la mère** la mär
Muttersprache **la langue maternelle** la lãg matär'näl

N

nach (*zeitl*) **après** a'prä; **~ Paris** **à Paris** a pa'ri
Nachahmung **l'imitation** *f* limita'ßjõ
Nachbar **le voisin** lö woa'sẽ; **~in** **la voisine** la woa'sin
nachdenken **réfléchir** refle'schir
nachher **après** a'prä
nachlassen **diminuer** diminü'e
Nachmittag **l'après-midi** *m* laprämi'di
Nachricht (*Botschaft*) **le message** lö me'ßasch; **eine ~ hinterlassen** **laisser un message** lä'ße ẽ me'ßasch; **~en** (*TV*) **les informations** *f pl* les‿ẽfɔrma'ßjõ
Nachsaison **la basse saison** la baß ßä'sõ
nachsehen **regarder** rögar'de
nächster **prochain** prɔ'schẽ; (*Reihenfolge*) **suivant** ßüi'wã
Nacht **la nuit** la nüi
Nachteil **l'inconvénient** *m* lẽkõwe'njã
nackt **nu** nü
Nadel **l'aiguille** *f* lä'güij
Nagel **le clou** lö klu; (*Fingernagel*) **l'ongle** *m* 'lõglö
nah(e) **proche** prɔsch
in der Nähe (von) **près (de)** prä (dö)
Name **le nom** lö nõ
nass **mouillé** mu'je
Natur **la nature** la na'tür
natürlich **naturel** natü'räl; *adv* **bien sûr** bjẽ ßür
neben (j-m) **à côté (de quelqu'un)** a ko'te (dö käl'kẽ)
negativ **négatif** nega'tif
nehmen **prendre** 'prãdrö

nein non nõ
nervös nerveux när'wö
nett gentil schã'ti
Netz le filet lö fi'lä
neu nouveau nu'wo
neugierig curieux kü'rjö
Neuigkeit la nouveauté la nuwo'te
neutral neutre 'nötrö
nicht ne ... pas nö pa
niedrig bas ba
niesen éternuer etärnü'e
Niveau le niveau lö ni'wo
noch encore ã'kɔr; ~ **nicht** ne ... pas encore nö pas‿ã'kɔr
Norden le Nord lö nɔr
normal normal nɔr'mal
normalerweise normalement nɔrmal'mã
Notausgang la sortie de secours la ßɔr'ti dö ßö'kur
notieren noter nɔ'te
nötig nécessaire neße'ßär
Notwendigkeit la nécessité la neßeßi'te
Nummer le numéro lö nüme'ro
nun maintenant mẽt'nã
nur seulement ßöl'mã
nützlich utile ü'til
nutzlos inutile inü'til

O

ob si ßi
oben en haut ã o
obwohl bien que bjẽ kö
oder ou (bien) u (bjẽ)
offen ouvert u'wär
offiziell officiel ɔfi'ßjäl
öffnen ouvrir u'wrir
Öffnungszeiten les heures *f pl* d'ouverture les‿ör duwär'tür

oft souvent ßu'wã
ohne sans ßã
ökologisch écologique ekɔlɔ'schik
Onkel l'oncle *m* 'lõklö
Ordnung l'ordre *m* 'lɔrdrö
Osten l'Est *m* läßt
oval ovale ɔ'wal
Ozean l'océan *m* lɔße'ã
Ozon l'ozone *m* lo'son

P

Paar la paire la pär; (*Menschen*) le couple lö 'kuplö
paar: ein paar quelques 'kälkö
packen (*Koffer*) faire sa valise fär ßa wa'lis
Packung le paquet lö pa'kä
Papier le papier lö pa'pje
Park le parc lö park
Partei le parti lö par'ti
passen aller a'le
passieren passer pa'ße
Pauschale le forfait lö fɔr'fä
Pause la pause la pos; (*Theater usw*) l'entracte *m* lã'traktö
Pech la malchance la mal'schãß
perfekt parfait par'fä
Person la personne la pär'ßɔn
Personalien l'identité *f* lidãti'te
persönlich personnel pärßɔ'näl
pfeifen siffler ßi'fle
Pflanze la plante la plãt
pflegen entretenir ãtrötö'nir; (*Menschen*) soigner ßoa'nje
Pflicht le devoir lö dö'woar
pflücken cueillir kö'jir
Picknick le pique-nique lö pik'nik
Picknickkorb le panier-repas lö pa'nje rö'pa

Plakat **l'affiche** *f* la'fisch
Plan **le plan** lö plã
Platz **la place** la plaß
plötzlich **tout à coup** tut_a_'ku
Politik **la politique** la pɔli'tik
Portemonnaie **le portemonnaie** lö pɔrtmɔ'nä
positiv **positif** posi'tif
praktisch **pratique** pra'tik
Praxis **la pratique** la pra'tik; (*Arzt*) **le cabinet** lö kabi'nä
Preis **le prix** lö pri
Preiserhöhung **l'augmentation** *f* **de prix** lɔgmãta'ßjõ dö pri
Preisermäßigung **la réduction de prix** la redük'ßjõ dö pri
preisgünstig **avantageux** awãta'schö
Presse **la presse** la präß
prima **magnifique** manji'fik
Prinzip **le principe** lö prẽ'ßip; **aus ~** **par principe** par prẽ'ßip
privat **privé** pri'we
Privatbesitz **la propriété privée** la prɔprije'te pri'we
Probe **l'essai** *m* le'ßä
probieren **essayer** eßä'je; (*schmecken*) **goûter** gu'te
Produkt **le produit** lö prɔ'düi
Programm **le programme** lö prɔ'gram
protestieren **protester** prɔtäß'te
Proviant **les provisions** *f pl* le prɔwi'sjõ
provisorisch **provisoire** prɔwi'soar
provozieren **provoquer** prɔwɔ'ke
Prozent **le pour cent** lö pur'ßã
prüfen **examiner** ägsami'ne; (*überprüfen*) **vérifier** weri'fje
Prüfung **l'examen** *m* lägsa'mẽ
Publikum **le public** lö pü'blik
Pulver **la poudre** la 'pudrö
Pumpe **la pompe** la põp
Punkt **le point** lö poẽ
pünktlich **ponctuel** põktü'äl; *adv* **à l'heure** a lör
Pünktlichkeit **la ponctualité** la põktüali'te
putzen **nettoyer** netoa'je
Putzfrau **la femme de ménage** la fam dö me'nasch

Q

Qualität **la qualité** la kali'te
Quelle **la source** la 'ßurßö
quer durch **à travers** a tra'wär
Quittung **le reçu** lö rö'ßü

R

Rabatt **le rabais** lö ra'bä
Rad **la roue** la ru; (*Fahrrad*) **la bicyclette** la bißi'klät
Radio **la radio** la ra'djo
Rand **le bord** lö bɔr
Rasen **la pelouse** la pö'lus
Rat **le conseil** lö kõ'ßäj
raten **conseiller** kõßä'je
Rauch **la fumée** la fü'me
rauchen **fumer** fü'me
Raucher **le fumeur** lö fü'mör
Raum **l'espace** *m* läß'paß; (*Zimmer*) **la pièce** la pjäß
Rauschgift **la drogue** la drɔg
reagieren **réagir** rea'schir
Reaktion **la réaction** la reak'ßjõ
rechnen **calculer** kalkü'le; **~ mit** **s'attendre à** ßa'tãdr_a
Rechnung **la facture** la fak'tür; (*Restaurant*) **l'addition** *f* ladi'ßjõ; (*Hotel*) **la note** la nɔt

Recht **le droit** lö droa; **recht haben** **avoir raison** a'woar rä'ßõ
rechtfertigen **justifier** schüßti'fje
rechts **à droite** a droat
rechtzeitig **à temps** a tã
Rede **le discours** lö diß'kur
reden **parler** par'le
Regal **le rayon** lö rä'jõ
Regel **la règle** la 'räglö
regelmäßig **régulier** regü'lje
Regierung **le gouvernement** lö guwärnö'mã
Region **la région** la re'schjõ
reich **riche** risch
reichen (*ausreichen*) **suffire** ßü'fir; **das reicht** **cela suffit** ßö'la ßü'fi; (*geben*) **passer** pa'ße
reif **mûr** mür
reinigen **nettoyer** netoa'je
Reise **le voyage** lö woa'jasch
Reiseführer **le guide (de voyage)** lö gid (dö woa'jasch)
Reiseroute **l'itinéraire** *m* litine'rär
Reiseziel **la destination** la däßtina'ßjõ
Reklamation **la réclamation** la reklama'ßjõ
reklamieren **faire une réclamation** fär ün reklama'ßjõ
Rente **la retraite** la rö'trät
reparieren **réparer** repa're
reservieren **réserver** resär'we
Reservierung **la réservation** la resärwa'ßjõ
Rest **le reste** lö 'räßtö
retten **sauver** ßo'we
richtig **juste** 'schüßtö
Richtung **la direction** la diräk'ßjõ
riechen **sentir** ßã'tir
Risiko **le risque** lö rißk
riskant **risqué** riß'ke
Rohr **le tuyau** lö tüi'jo
rollen **rouler** ru'le
rückerstatten **rembourser** rãbur'ße
rücksichtslos **sans gêne** ßã schän
rücksichtsvoll **attentionné** atãßjɔ'ne
rückwärts **en arrière** ãn‿a'rjär
rufen **appeler** ap'le
Ruhe **la tranquillité** la trãkili'te; **~!** **Silence!** ßi'lãß!
ruhig **tranquille** trã'kil
rund **rond** rõ
rutschen **glisser** gli'ße

S

Saal **la salle** la ßal
Sache **la chose** la schos
Sachverständige(r) **l'expert** *m* läkß'pär
sagen **dire** dir
sammeln **collectionner** kɔläkßjo'ne
Sammlung **la collection** la kɔläk'ßjõ
Sand **le sable** lö 'ßablö
sanft **doux** du,**douce** *f* duß
satt: ich bin ~ **je n'ai plus faim** schö nä plü fẽ
Satz **la phrase** la fras
sauber **propre** 'prɔprö
Sauberkeit **la propreté** la prɔprö'te
säubern **nettoyer** netoa'je
Sauna **le sauna** lö ßo'na
Schachtel **la boîte** la boat
Schade! **Dommage!** dɔ'masch!
Schaden **le dommage** lö dɔ'masch
schaden **nuire** nüir
Schadenersatz **le dédommagement** lö dedɔmasch'mã

schädlich **nocif** nɔ'ßif
Schalter (*Bank usw*) **le guichet** lö gi'schä; (*elektr*) **l'interrupteur** lẽterüp'tör
scharf (*Klinge*) **coupant** ku'pã; (*Speisen*) **épicé** epi'ße
Schatten **l'ombre** *f* 'lõbrö
schätzen **estimer** äßti'me
schauen **regarder** rögar'de
Schaufel **la pelle** la päl
Schaufenster **la vitrine** la wi'trin
Schauspieler **l'acteur** *m* lak'tör; **~in** **l'actrice** *f* lak'triß
Scheck **le chèque** lö schäk
Scheibe **la tranche** la trãsch; (*Fenster*) **la vitre** la 'witrö
Schein **le billet** lö bi'jä
scheinen **sembler** ßã'ble; (*Sonne*) **briller** bri'je
scheitern **échouer** eschu'e
schenken **offrir** ɔ'frir
Schere **les ciseaux** *m pl* le ßi'so
scheußlich **affreux** a'frö
schick **chic** schik
schicken **envoyer** ãwoa'je
Schicksal **le destin** lö däß'tẽ
schieben **pousser** pu'ße
Schiff **le bateau** lö ba'to
Schild **le panneau** lö pa'no
Schimmel (*Lebensmittel*) **la moisissure** la moasi'ßür
schimpfen **gronder** grõ'de
Schirm **le parapluie** lö para'plüi
Schlaf **le sommeil** lö ßɔ'mäj
schlafen **dormir** dɔr'mir
Schlag **le coup** lö ku
schlagen **frapper** fra'pe
Schlamm **la boue** la bu
Schlange **le serpent** lö ßär'pã; **~ stehen** **faire la queue** fär la kö
schlank **mince** mẽß
schlecht **mauvais** mo'wä; *adv* **mal** mal; **mir ist ~** **j'ai mal au cœur** schä mal‿o kör
schließen **fermer** fär'me
schlimm **grave** graw
Schloss **le château** lö scha'to; (*Tür*) **la serrure** la ße'rür
Schlucht **les gorges** *f pl* le 'gɔrschö
Schluss **la fin** la fẽ
Schlüssel **la clé** la kle
schmal **étroit** e'troa
schmecken (gut) **être bon** 'ätrö bõ
Schmerz **la douleur** la du'lör
schmerzhaft **douloureux** dulu'rö
schmutzig **sale** ßal; **~ machen** **salir** ßa'lir
Schnee **la neige** la näsch
schneiden **couper** ku'pe
schnell **rapide** ra'pid; *adv* **vite** wit
Schnur **la ficelle** la fi'ßäl; (*elektr*) **le fil électrique** lö fil‿eläk'trik
schon **déjà** de'scha
schön **beau** bo, *f:* **belle** bäl
Schönheit **la beauté** la bo'te
schräg **oblique** ɔ'blik; (*negativ*) **de travers** dö tra'wär
Schrank **le placard** lö pla'kar; (*Kleiderschrank*) **l'armoire** *f* lar'moar
Schranke **la barrière** la ba'rjär
schrecklich **épouvantable** epuwã'tablö
Schrei **le cri** lö kri
schreiben **écrire** e'krir
schreien **crier** kri'je
Schritt **le pas** lö pa
Schublade **le tiroir** lö ti'roar
schüchtern **timide** ti'mid
Schuld **la faute** la fot; **es ist meine ~** **c'est de ma faute** ßä dö ma fot

schuldig coupable ku'pablö
Schule l'école *f* le'kɔl; (*Oberschule*) le lycée lö li'ße
schützen protéger prɔte'sche
schwach faible 'fäblö
schwanger enceinte ã'ßẽt
Schwangerschaft la grossesse la gro'ßäß
schweigen se taire ßö tär
schwer (*Gewicht*) lourd lur; (*schwierig*) difficile difi'ßil
Schwester la sœur la ßör
schwierig difficile difi'ßil
Schwierigkeit la difficulté la difikül'te
schwimmen nager na'sche
schwitzen transpirer trãßpi're
See (*Binnengewässer*) le lac lö lak; (*Meer*) la mer la mär
sehen voir woar
Sehenswürdigkeiten les curiosités *f pl* le kürjosi'te
sehr très trä
Seil la corde la kɔrd
sein être 'ätrö
seit depuis dö'püi
Seite le côté lö ko'te; (*Buch*) la page la pasch
selbst même mäm
selbstständig indépendant ẽdepã'dã
selten rare rar
Sendung l'émission *f* lemi'ßjõ
Senior la personne âgée la pär'ßɔn a'sche
sensibel sensible ßã'ßiblö
Sessel le fauteuil lö fo'töj
setzen mettre 'mätrö; **sich ~** s'asseoir ßa'ßoar
Sex le sexe lö ßäkß
sexuell sexuel ßäkßü'äl
sicher sûr ßür
Sicherheit la sécurité la ßeküri'te
sich erinnern se souvenir ßö ßuw'nir
Sicht la vue la wü
sichtbar visible wi'siblö
Sie vous wu
sie *sg* elle äl, *pl* ils *m* il, elles *f* äl
Sieg la victoire la wik'toar
singen chanter schã'te
Sinn le sens lö ßãß
sinnlos absurde a'pßürd
sinnvoll raisonnable räsɔ'nablö
Sitte la coutume la ku'tüm
Sitz le siège lö ßjäsch
sitzen être assis ätr a'ßi
so de cette façon dö ßät fa'ßõ
sofort tout de suite tut‿'ßüit
sogar même mäm
Sohn le fils lö fiß
solange tant que tã kö
sollen devoir dö'woar
Sommer l'été *m* le'te
Sommerzeit l'heure *f* d'été lör de'te
sondern mais mä
Sonne le soleil lö ßɔ'läj
Sonnenaufgang le lever du soleil lö lö'we dü ßɔ'läj
Sonnenbrille les lunettes *f pl* de soleil le lü'nät dö ßɔ'läj
Sonnenuntergang le coucher du soleil lö ku'sche dü ßɔ'läj
sonst d'habitude dabi'tüd; (*außerdem*) à part ça a par ßa; (*andernfalls*) autrement otrö'mã
Sorge le souci lö ßu'ßi; **sich ~n machen (um)** se faire du souci (pour) ßö fär dü ßu'ßi (pur)
sorgen (für) s'occuper (de) ßɔkü'pe (dö)
sorgfältig soigneux ßoa'njö
Sorte la sorte la ßɔrt
sozial social ßɔ'ßjal
sparen économiser ekɔnɔmi'se

Spaß **le plaisir** lö ple'sir; ~ **haben** **s'amuser** ßamü'se; (*Scherz*) **la plaisanterie** la pläsät'ri
spät **tard** tar
spätestens **au plus tard** o plü tar
spazieren gehen **se promener** ßö prɔm'ne
Spaziergang **la promenade** la prɔm'nad
sperren **barrer** ba're
Spezialität **la spécialité** la ßpeßjali'te
speziell **spécial** ßpe'ßjal
Spiegel **le miroir** lö mi'roar
spielen **jouer** schu'e; **Schach ~ jouer aux échecs** schu'e os‿e'schäk
Spielplatz **le terrain de jeux** lö te'rẽ dö schö
Spielzeug **le jouet** lö schu'ä
spitz **pointu** poẽ'tü
Spitze **la pointe** la poẽt; (*Gewebe*) **la dentelle** la dã'täl
Sport **le sport** lö ßpɔr
sportlich **sportif** ßpɔr'tif
Sprache **la langue** la lãg
sprechen **parler** par'le
springen **sauter** ßo'te
spüren **sentir** ßã'tir
Staat **l'Etat** *m* le'ta
Staatsangehörigkeit **la nationalité** la naßjɔnali'te
stabil **stable** 'ßtablö
Stadt **la ville** la wil
Stadtteil **le quartier** lö kar'tje
ständig **permanent** pärma'nã
stark **fort** fɔr
Stärke **la force** la fɔrß
statt **au lieu de** o ljö dö; ~**dessen** **à la place de cela** a la plaß dö ßö'la
stattfinden **avoir lieu** a'woar ljö
Staub **la poussière** la pu'ßjär
staubig **poussiéreux** pußje'rö
stechen **piquer** pi'ke
Steckdose **la prise de courant** la pris dö ku'rã
stehen (*sich befinden*) **se trouver** ßö tru'we; ~ **bleiben** **s'arrêter** ßarä'te
stehlen **voler** wɔ'le
steigen **monter** mõ'te
Steigung **la montée** la mõ'te
steil **raide** räd
Stein **la pierre** la pjär
Stelle **l'endroit** *m* lã'droa
stellen **mettre** 'mätrö
sterben **mourir** mu'rir
Stern **l'étoile** *f* le'toal
Stich **la piqûre** la pi'kür
Stil **le style** lö ßtil
still **calme** kalm
Stimme **la voix** la woa
stimmen: es stimmt **c'est exact** ßt‿egsa(kt)
Stimmung **l'atmosphère** *f* latmɔß'fär
Stock **le bâton** lö ba'tõ; (*Gehstock*) **la canne** la kan
Stockwerk **l'étage** *m* le'tasch
Stoff **l'étoffe** *f* le'tɔf
stolpern **trébucher** trebü'sche
Stolz **la fierté** la fjär'te
stolz (auf) **fier (de)** fjär (dö)
stören **déranger** derã'sche
Störung **le dérangement** lö derãsch'mã
Strand **la plage** la plasch
Straße (*in einer Ortschaft*) **la rue** la rü; (*außerhalb*) **la route** la rut
Strecke **le trajet** lö tra'schä
streicheln **caresser** karä'ße
Streik **la grève** la gräw
Streit **la dispute** la diß'püt
streiten **se disputer** ßö dißpü'te
streng **sévère** ße'wär

Stress **le stress** lö ßträß
Strom **l'électricité** *f* leläktrißi'te; (*Fluss*) **le fleuve** lö flöw
Strömung **le courant** lö ku'rã
Stück **le morceau** lö mɔr'ßo; (*Geld, Theater*) **la pièce** la pjäß
Student **l'étudiant** *m* letü'djã
Studentenausweis **la carte d'étudiant** la 'kartö detü'djã
Studentin **l'étudiante** *f* letü'djãt
Stuhl **la chaise** la schäs
Stunde **l'heure** *f* lör
Sturm **la tempête** la tã'pät
stürzen **tomber** tõ'be
suchen **chercher** schär'sche
Süden **le Sud** lö ßüd
Summe **la somme** la ßɔm
süß **sucré** ßü'kre; (*niedlich*) **mignon** mi'njõ
sympathisch **sympathique** ßẽpa'tik

T

Tag **le jour** lö schur; (*als Dauer*) **la journée** la schur'ne
Tal **la vallée** la wa'le
Tante **la tante** la tãt
Tanz **la danse** la dãß
tanzen **danser** dã'ße
Tasche **le sac** lö ßak; (*Hosentasche usw*) **la poche** la pɔsch
Taschenlampe **la lampe de poche** la lãp dö pɔsch
Tasse **la tasse** la taß
Taufe **le baptême** lö ba'täm
taufen **baptiser** bati'se
tauschen **échanger** eschã'sche
sich täuschen **se tromper** ßö trõ'pe
Technik **la technique** la täk'nik
Teich **l'étang** *m* le'tã; (*im Garten*) **le bassin** lö ba'ßẽ
Teil **la partie** la par'ti
teilen **partager** parta'sche
teilnehmen (an) **participer (à)** partißi'pe (a)
telefonieren **téléphoner** telefɔ'ne
Teller **l'assiette** *f* la'ßjät
Teppich **le tapis** lö ta'pi; (*Teppichboden*) **la moquette** la mɔ'kät
Termin **le rendez-vous** lö rãde'wu; (*Frist*) **le délai** lö de'lä
Terrasse **la terrasse** la tä'raß
teuer **cher** schär
Theater **le théâtre** lö te'atrö
Thema **le sujet** lö ßü'schä
Thermometer **le thermomètre** lö tärmɔ'mätrö
Ticket **le billet** lö bi'jä
tief **profond** prɔ'fõ
Tiefe **la profondeur** la prɔfõ'dör
Tier **l'animal** *m* lani'mal
Tisch **la table** la 'tablö
Tochter **la fille** la fij
Toilette **les toilettes** *f pl* le toa'lät
toll **formidable** fɔrmi'dablö
Ton (*Klang*) **le son** lö ßõ; (*Redeweise*) **le ton** lö tõ
Topf **la casserole** la kaß'rɔl
Tor **la porte** la pɔrt; (*Sport*) **le but** lö bü(t)
tot **mort** mɔr
Tour **le tour** lö tur
Tourist **le touriste** lö tu'rißt, **la touriste** la tu'rißt
Tradition **la tradition** la tradi'ßjõ
tragen **porter** pɔr'te
Traum **le rêve** lö räw
träumen **rêver** rä'we
traurig **triste** 'trißtö
treffen **rencontrer** rãkõ'tre

trennen **séparer** ßepa're
Treppe **l'escalier** *m* läßka'lje
treu **fidèle** fi'däl
Treue **la fidélité** la fideli'te
trinken **boire** boar
Trinkwasser **l'eau** *f* **potable** lo pɔ'tablö
trocken **sec** ßäk, *f:* **sèche** ßäsch
trocknen **sécher** ße'sche
Tropfen **la goutte** la gut
tropfen **goutter** gu'te
trotz **malgré** mal'gre
trotzdem **malgré tout** mal'gre tu
Tube **le tube** lö tüb
Tür **la porte** la pɔrt
Turm **la tour** la tur
Tüte **le sac** lö ßak; (*kleine*) **le sachet** lö ßa'schä
Typ **le type** lö tip
typisch **typique** ti'pik

U

übel **mauvais** mo'wä; **mir ist ~ j'ai mal au cœur** schä mal‿o kör
üben **s'exercer** ßägsär'ße; (*Sport*) **s'entraîner** ßãträ'ne
über **au-dessus de** od'ßü dö
überflüssig **superflu** ßüpär'flü
überlegen **réfléchir** refle'schir
übernachten **passer la nuit** pa'ße la nüi
überqueren **traverser** trawär'ße
überraschen **surprendre** ßür'prãdrö
Überraschung **la surprise** la ßür'pris
überreden **persuader** pärßüa'de
Überschwemmung **l'inondation** *f* linõda'ßjõ
übersetzen **traduire** tra'düir
Übersetzung **la traduction** la tradük'ßjõ
übertragen **transmettre** trãß'mäträ
übertreffen **surpasser** ßürpa'ße
übertreiben **exagérer** egsasche're
überwinden **surmonter** ßürmõ'te
überzeugen (von) **convaincre (de)** kõ'wẽkrö (dö)
überzeugt (von) **convaincu (de)** kõwẽ'kü (dö)
übrigens **d'ailleurs** da'jör
Übung **l'exercice** *m* lägsär'ßiß
Ufer (*Fluss*) **la rive** la riw; (*Meer*) **le rivage** lö ri'wasch
Uhr **l'heure** *f* lör; (*Armbanduhr*) **la montre** la 'mõtrö; (*Wanduhr*) **la pendule** la pã'dül; (*Turmuhr*) **l'horloge** *f* lɔr'lɔsch
um (*örtl*) **autour (de)** o'tur (dö); (*zeitl*) **à** a
Umgebung **les environs** *m pl* les‿ãwi'rõ
umgekehrt **inverse** ẽ'wärß
umkehren **faire demi-tour** fär dömi'tur
umsonst (*gratis*) **gratuit** gra'tüi; (*vergeblich*) **en vain** ã wẽ
Umstände **les circonstances** *f pl* le ßirkõß'tãß
Umtausch **l'échange** *m* le'schãsch
umtauschen **échanger** eschã'sche
Umweg **le détour** lö de'tur
Umwelt **l'environnement** *m* lãwirɔn'mã
Umweltschutz **la protection de l'environnement** la prɔtäk'ßjõ dö lãwirɔn'mã
umziehen **déménager** demena'sche; **sich ~ se changer** ßö schã'sche

unabhängig indépendant ẽdepã'dã
Unabhängigkeit l'indépendance *f* lẽdepã'dãß
unangenehm désagréable desagre'ablö
unbedingt absolu apßɔ'lü
unbekannt inconnu ẽkɔ'nü
unbequem inconfortable ẽkõfɔr'tablö
und et e; ~ **so weiter** et cetera ätßete'ra
unerträglich insupportable ẽßüpɔr'tablö
unerwartet inattendu inatã'dü
unfähig incapable ẽka'pablö
Unfall l'accident *m* lakßi'dã
unfreundlich peu aimable pö ä'mablö
ungefähr environ ãwi'rõ
ungemütlich inconfortable ẽkõfɔr'tablö
ungenau imprécis ẽpre'ßi
ungenügend insuffisant ẽßüfi'sã
ungerecht injuste ẽ'schüßt
ungern à contre-cœur a kõtrö'kör
ungewöhnlich inhabituel inabitü'äl
unglaublich incroyable ẽkroa'jablö
Unglück l'accident *m* lakßi'dã
unglücklich malheureux malö'rö
unglücklicherweise malheureusement malörös'mã
ungültig pas valable pa wa'lablö
unhöflich impoli ẽpɔ'li
Universität l'université *f* lüniwärßi'te
Unkosten les frais *m pl* le frä
unmöbliert non meublé nõ mö'ble
unmöglich impossible ẽpɔ'ßiblö
unnötig inutile inü'til
unordentlich désordonné desɔrdɔ'ne
Unordnung le désordre lö de'sɔrdrö
unpersönlich impersonnel ẽpärßɔ'näl
unpraktisch peu pratique pö pra'tik
unrecht haben avoir tort a'woar tɔr
unruhig agité aschi'te; (*besorgt*) inquiet ẽ'kjä
unschuldig innocent inɔ'ßã
unsicher peu sûr pö ßür; (*ungewiss*) incertain ẽßär'tẽ
unten en bas ã ba
unter sous ßu; ~ **anderem** entre autres ãtr‿'otrö
unterbrechen interrompre ẽte'rõprö
sich unterhalten s'entretenir ßãtrötö'nir; (*sich amüsieren*) s'amuser ßamü'se
Unterlagen les documents *m pl* le dokü'mã
unternehmen entreprendre ãtrö'prãdrö
Unterricht l'enseignement *m* lãßänjö'mã
unterscheiden distinguer dißtẽ'ge
Unterschied la différence la dife'rãß
unterschiedlich différent dife'rã
unterschreiben signer ßi'nje
Unterschrift la signature la ßinja'tür
unterstützen soutenir ßut'nir
untersuchen examiner ägsami'ne
unterwegs en route ã rut
ununterbrochen sans arrêt ßãs‿a'rä

unverantwortlich irresponsable iräßpõ'ßablö
unvermeidlich inévitable inewi'tablö
unverständlich incompréhensible ẽkõpreã'ßiblö
unvollständig incomplet ẽkõ'plä
unvorsichtig imprudent ẽprü'dã
unwahrscheinlich invraisemblable ẽwräßã'blablö
unwichtig sans importance ßãs_ẽpɔr'tãß
unzufrieden mécontent mekõ'tã
Urlaub les vacances *f pl* le wa'kãß
Ursache la cause la cos
Urteil le jugement lö schüsch'mã

V

Vater le père lö pär
sich verabreden prendre rendez-vous 'prãdrö rãde'wu
Verabredung le rendez-vous lö rãde'wu
sich verabschieden (von) prendre congé (de) 'prãdrö kõ'sche (dö)
verändern changer schã'sche
Veranstaltung la manifestation la manifäßta'ßjõ
verantwortlich responsable räßpõ'ßablö
verbessern améliorer ameljo're; (*Fehler*) corriger kɔri'sche
verbieten interdire ẽtär'dir
verboten interdit ẽtär'di
verbrennen brûler brü'le
verbringen passer pa'ße
Verdacht le soupçon lö ßup'ßõ
verderben (*Ware*) abîmer abi'me
verdienen mériter meri'te; (*Lohn*) gagner ga'nje
Verein l'association *f* laßɔßja'ßjõ
vereinbaren (etw) convenir (de) kõwö'nir (dö)
sich verfahren se tromper de route ßö trõ'pe dö rut
Verfallsdatum la date limite de consommation la dat li'mit dö kõßɔma'ßjõ
verfolgen poursuivre pur'ßüiwrö
Vergangenheit le passé lö pa'ße
vergeblich inutile inü'til; *adv* en vain ã wẽ
vergehen passer pa'ße
vergessen oublier ubli'je
sich vergewissern s'assurer ßaßü're
vergleichen comparer kõpa're
Vergnügen le plaisir lö ple'sir
Verhältnis la relation la röla'ßjõ
verhandeln négocier negɔ'ßje
verheiratet marié ma'rje
verhindern empêcher ãpä'sche
verkaufen vendre 'wãdrö
Verkäufer le vendeur lö wã'dör; **~in** la vendeuse la wã'dös
Verkehr la circulation la ßirküla'ßjõ
verkehrt faux fo, *f:* fausse foß; **die ~e Richtung** la mauvaise direction la mo'wäs diräk'ßjõ
verlangen réclamer rekla'me
verlängern prolonger prɔlõ'sche
Verlängerung la prolongation la prɔlõga'ßjõ
verlassen quitter ki'te; **sich ~ auf** compter sur kõ'te ßür
sich verlaufen se tromper de chemin ßö trõ'pe dö schö'mẽ
sich verletzen se blesser ßö ble'ße

sich verlieben (in) **tomber amoureux (de)** tõ'be amu'rö (dö)

verlieren **perdre** 'pärdrö

verloren **perdu** pär'dü

vermeiden **éviter** ewi'te

vermieten **louer** lu'e

vermuten **supposer** ßüpo'se

Vernunft **la raison** la rä'sõ

vernünftig **raisonnable** räsɔ'nablö

Verpackung **l'emballage** *m* lãba'lasch

Verpflegung **la nourriture** la nuri'tür

verpflichten: sich ~ (zu) **s'engager (à)** ßãga'sche (a); **verpflichtet sein (zu)** **être tenu (de)** 'ätrö tö'nü (dö)

verreisen **partir (en voyage)** par'tir (ã woa'jasch)

verrückt **fou** fu, *f:* **folle** fɔl

verschieben (*zeitl*) **remettre à plus tard** rö'mätr‿a plü tar

verschieden **différent** dife'rã

sich verschlechtern **se détériorer** ßö deterjɔ're

verschwinden **disparaître** dißpa'rätrö

Versehen: aus ~ **par erreur** par ä'rör

versichern **assurer** aßü're

Versicherung **l'assurance** *f* laßü'rãß

sich verspäten **être en retard** ätr ã rö'tar

Verspätung **le retard** lö rö'tar

Versprechen **la promesse** la prɔ'mäß

verstehen **promettre** prɔ'mätrö

verständlich **compréhensible** kõpreã'ßiblö

verstecken **cacher** ka'sche

verstehen **comprendre** kõ'prãdrö

verstopft **bouché** bu'sche

Versuch **l'essai** *m* le'ßä

versuchen **essayer** eßä'je

verteidigen **défendre** de'fãdrö

verteilen **répartir** repar'tir

Vertrag **le contrat** lö kõ'tra

Vertrauen **la confiance** la kõ'fjãß

vertrauen (auf) **avoir confiance (dans)** a'woar kõ'fjãß (dã)

verunglücken **avoir un accident** a'woar ẽn‿akßi'dã

verwandt **parent** pa'rã

verwechseln **confondre** kõ'fõdrö

verwenden **utiliser** ütili'se

verwitwet **veuf** wöf, *f:* **veuve** wöw

verwöhnen **gâter** ga'te

Verzeichnis **la liste** la lißt

verzeihen **pardonner** pardɔ'ne

Verzeihung! **Pardon!** par'dõ!

verzweifeln (an) **désespérer (de)** desäßpe're (dö)

Verzweiflung **le désespoir** lö desäß'poar

viel **beaucoup (de)** bo'ku (dö)

vielleicht **peut-être** pö'tätrö

viereckig **rectangulaire** räktãgü'lär

Viertel **le quart** lö kar; (*Stadtviertel*) **le quartier** lö kar'tje

voll **plein** plẽ; (*ganz*) **entier** ã'tje

vollkommen **parfait** par'fä

Vollmacht **la procuration** la prɔküra'ßjõ

vollständig **complet** kõ'plä

von **de** dö

vor (*örtl*) **devant** dö'wã; (*zeitl*) **avant** a'wã; **~ einem Monat** **il y a un mois** il‿ja ẽ moa; **~ Kurzem** **récemment** reßa'mã; **~ allem** **avant tout** a'wã tu

Voraus: im ~ d'avance da'wãß
voraussichtlich probablement prɔbablö'mã
vorbei passé pa'ße
vorbeigehen passer (devant) pa'ße (dö'wã)
vorbereiten préparer prepa're
Vorfahrt la priorité la prijɔri'te
Vorhaben le projet lö prɔ'schä
vorhanden (*verfügbar*) **disponible** dißpɔ'niblö
Vorhang le rideau lö ri'do
vorher avant a'wã
vorheriger dernier där'nje
vorkommen arriver ari'we
vorläufig provisoire prɔwi'soar
Vormittag le matin lö ma'tẽ; (*Dauer*) **la matinée** la mati'ne
vorn devant dö'wã
Vorname le prénom lö pre'nõ
vornehm distingué dißtẽ'ge
Vorort la banlieue la bã'ljö
vorschlagen proposer prɔpo'se
Vorschrift le règlement lö räglö'mã
Vorsicht! Attention! atã'ßjõ!
vorsichtig prudent prü'dã
vorstellen présenter presã'te; **sich etw ~ s'imaginer** ßimaschi'ne
Vorstellung la présentation la presãta'ßjõ; (*Theater*) **la représentation** la röpresãta'ßjõ; (*Kino*) **la séance** la ße'ãß; (*Gedanke*) **l'idée** *f* li'de
Vorteil l'avantage *m* lawã'tasch
vorwärts en avant ãn‿a'wa

W

Waage la balance la ba'lãß
wach réveillé rewä'je
wachsen grandir grã'dir; (*Pflanzen*) **pousser** pu'ße
wackelig branlant brã'lã
wagen oser o'se
Wahl le choix lö schoa; (*Politik*) **les élections** *f pl* les‿elek'ßjõ
wählen choisir schoa'sir; (*Politik*) **voter** wɔ'te; (*Telefon*) **composer le numéro** kõpo'se lö nüme'ro
wahr vrai wrä
während pendant pã'dã; *conj* **pendant que** pã'dã kö
Wahrheit la vérité la weri'te
wahrscheinlich probable prɔ'bablö
Währung la monnaie la mɔ'nä
Wald la forêt la fɔ'rä
Waldbrand l'incendie *m* **de forêt** lẽßã'di dö fɔ'rä
Wand le mur lö mür
wann quand kã
warm chaud scho
Wärme la chaleur la scha'lör
wärmen chauffer scho'fe
Warnung l'avertissement *m* lawärtiß'mã
warten attendre a'tãdrö
warum pourquoi pur'koa
was que kö
Wäsche le linge lö lẽsch
waschen laver la'we
Wasser l'eau *f* lo
Wasserhahn le robinet lö rɔbi'nä
wechseln changer schã'sche
wecken réveiller rewä'je
Wecker le réveil lö re'wäj
weder ... noch ni ... ni ni ni
Weg le chemin lö schö'mẽ, **parti** par'ti
wegen à cause de a kos dö
wegfahren partir par'tir
weggehen partir par'tir
wegnehmen prendre 'prãdrö
wegschicken renvoyer rãwoa'je
wegwerfen jeter schö'te
wehtun faire mal fär mal

weiblich **féminin** femi'nẽ
weich (*Fleisch*) **tendre** 'tãdrö; (*Stoff*) **moelleux** moa'lö; (*negativ, z.B. Matratze*) **mou** mu, *f:* **molle** mɔl
sich weigern (zu) **refuser (de)** röfü'se (dö)
weil **parce que** 'parßö kö
weinen **pleurer** plö're
weit (*entfernt*) **loin** loẽ; (*breit*) **large** 'larschö
weiter: und so ~ **ainsi de suite** ẽ'ßi dö ßüit
Welle (*Meer*) **la vague** la wag; (*Physik*) **l'onde** *f* lõd
Welt **le monde** lö mõd
wenden **tourner** tur'ne; **sich an j-n ~** **s'adresser à** ßadrä'ße a
wenig **peu de** pö dö
wenigstens **du moins** dü moẽ
wenn (*zeitl*) **quand** kã; (*Bedingung*) **si** ßi
werden **devenir** döwö'nir
Werk **l'œuvre** *f* 'löwrö
Werkstatt **l'atelier** *m* latö'lje; (*Auto*) **le garage** lö ga'rasch
werktags **les jours** *m pl* **ouvrables** le schur u'wrablö
Werkzeug **l'outil** *m* lu'ti
Wert **la valeur** la wa'lör
wertlos **sans valeur** ßã wa'lör
wertvoll **précieux** pre'ßjö
Westen **l'Ouest** lu'äßt
Wette **le pari** lö pa'ri
wetten **parier** pa'rje
wichtig **important** ẽpɔr'tã
Wichtigkeit **l'importance** *f* lẽpɔr'tãß
wickeln (*Baby*) **langer** lã'sche
widersprechen **contredire** kõtrö'dir
Widerspruch **la contradiction** la kõtradik'ßjõ
wieder **de nouveau** dö nu'wo
wiederholen **répéter** repe'te
wiederkommen **revenir** röw'nir
wiedersehen **revoir** rö'woar
wiegen **peser** pö'se
Wiese **le pré** lö pre; (*Rasen*) **la pelouse** la pö'lus
wie viel **combien** kõ'bjẽ
wir **nous** nu
wirklich **réel** re'äl; *adv* **vraiment** wrä'mã
Wirklichkeit **la réalité** la reali'te
wirksam **efficace** efi'kaß
Wirkung **l'effet** *m* le'fä
Wirt (*Restaurant*) **le patron** lö pa'trõ; **~in** **la patronne** la pa'trɔn
wissen **savoir** ßa'wuar
Witwe **la veuve** la wöw; **~r** **le veuf** lö wöf
Witz **la plaisanterie** la pläsãt'ri
witzig **drôle** drol
wo **où** u
woanders **ailleurs** a'jör
Woche **la semaine** la ßö'män
woher **d'où** du
wohin **où** u
wohl (*sicher*) **sans doute** ßã dut; **sich ~fühlen** **se sentir bien** ßö ßã'tir bjẽ
wohnen **habiter** abi'te
Wohnsitz **le domicile** lö dɔmi'ßil
Wohnung **l'appartement** *m* lapartö'mã
Wohnzimmer **la salle de séjour** la ßal dö ße'schur
wollen **vouloir** wu'loar
Wort **le mot** lö mo
Wörterbuch **le dictionnaire** lö dikßjɔ'när
sich wundern **s'étonner** ßetɔ'ne
Wunsch **le désir** lö de'sir
wünschen **désirer** desi're
Wut **la colère** la kɔ'lär
wütend **en colère** ã kɔ'lär

Z

Zahl **le nombre** lö 'nõbrö
zahlen **payer** pä'je
zählen **compter** kõ'te
zahlreich **nombreux** nõ'brö
zart **délicat** deli'ka; (*weich*) **tendre** 'tãdrö
zärtlich **affectueux** afäk'tüö
Zeichen **le signe** lö ßinj
zeichnen **dessiner** deßi'ne
Zeichnung **le dessin** lö de'ßẽ
zeigen **montrer** mõ'tre
Zeit **le temps** lö tã; **~ haben** **avoir le temps** a'woar lö tã
Zeitung **le journal** lö schur'nal
zentral **central** ßã'tral
Zentrum **le centre** lö 'ßãtrö
zerbrechen **casser** ka'ße
zerbrechlich **fragile** fra'schil
zerreißen **déchirer** deschi're
Zertifikat **le certificat** lö ßärtifi'ka
Zettel **le bout de papier** lö bu dö pa'pje
Zeuge **le témoin** lö te'moẽ
Zeugnis (*Bescheinigung*) **le certificat** lö ßärtifi'ka; (*Schule*) **le bulletin scolaire** lö bül'tẽ ßkɔ'lär
ziehen **tirer** ti're
Ziel **le but** lö bü(t); (*Reise*) **la destination** la däßtina'ßjõ
ziemlich **assez** a'ße
Zimmer **la pièce** la pjäß; (*Hotel, Schlafzimmer*) **la chambre** la 'schãbrö
zittern **trembler** trã'ble
zögern (zu) **hésiter (à)** esi'te (a)
zu (*Richtung*) **à** a; (*geschlossen*) **fermé** fär'me; (*viel*) **trop** tro; **~ Fuß** **à pied** a pje
zu viel **trop** tro
zubereiten **préparer** prepa're
zuerst **d'abord** da'bɔr
Zufahrt **l'accès** *m* la'kßä
Zufall **le hasard** lö a'sar
zufällig **fortuit** fɔr'tüi; *adv* **par hasard** par a'sar
zufrieden **satisfait** ßatiß'fä
Zugang **l'accès** *m* la'kßä
zugeben **avouer** awu'e
zuhören **écouter** eku'te
Zukunft **l'avenir** *m* law'nir
zukünftig **futur** fü'tür
zulässig **permis** pär'mi
zuletzt **en dernier lieu** ã där'nje ljö
zumachen **fermer** fär'me
zunächst **tout d'abord** tu da'bɔr
zunehmen **augmenter** ɔgmã'te; (*dicker werden*) **grossir** gro'ßir
zurechtkommen **se débrouiller** ßö debru'je
zurück (sein) **(être) de retour** ('ätrö) dö rö'tur
zurückbringen (*Sachen*) **rapporter** rapɔr'te; (*Menschen*) **ramener** ram'ne
zurückerstatten **rembourser** rãbur'ße
zurückfahren **retourner** rötur'ne; (*zurücksetzen*) **faire marche arrière** fär marsch‿a'rjär
zurückgeben **rendre** 'rãdrö
zurückkommen **revenir** röw'nir
zurücknehmen **reprendre** rö'prãdrö
zurückrufen **rappeler** rap'le
zurückzahlen **rembourser** rãbur'ße
zusammen **ensemble** ã'ßãblö
zusammenarbeiten **collaborer** kɔlabɔ're
Zusammenstoß **la collision** la kɔli'sjõ
zusätzlich **supplémentaire** ßüplemã'tär; *adv* **en plus** ã plüß

zuschauen **regarder** rögar'de
Zuschauer **le spectateur** lö ßpäkta'tör
Zuschlag **le supplément** lö ßüple'mã
Zustand **l'état** *m* le'ta
zuständig **compétent** kõpe'tã; (*verantwortlich*) **responsable** räßpõ'ßablö
zustimmen **consentir** kõßã'tir
zu wenig **trop peu** tro pö
Zwang **la contrainte** la kõ'trẽt
Zweck **le but** lö bü(t)
Zweifel **le doute** lö dut
zweifelhaft **douteux** du'tö
zweifellos **sans aucun doute** ßãs_o'kẽ dut
zweifeln (an) **douter (de)** du'te (dö)
zwischen **entre** 'ãtrö; (*unter mehreren*) **parmi** par'mi

Französische Schilder und Aufschriften

A

accès *m* Zugang, Zufahrt
Accès interdit! Betreten verboten!
accueil *m* Empfang
adresse *f* Adresse
à droite rechts
adultes *m/pl* Erwachsene
aéroport *m* Flughafen
à gauche links
agence *f* Agentur
agence de voyage Reisebüro
aire *f* **de repos** Autobahnparkplatz
alimentation *f* Lebensmittelgeschäft
Allemagne *f* Deutschland
allemand deutsch
Allemand *m* Deutscher
Allemande *f* Deutsche
allô! Hallo! *(Telefon)*
à louer zu vermieten
ambulance *f* Krankenwagen
à midi mittags
Appuyez! Bitte drücken! *(auf Knopf usw.)*
après-midi *m* Nachmittag
arrêt *m* Haltestelle
arrivée *f* Ankunft
ascenseur *m* Aufzug
Attention! Achtung!
Au revoir! Auf Wiedersehen!
Au secours! Hilfe!
autobus *m* Bus
autorisé gestattet
autoroute *f* Autobahn
Autriche *f* Österreich
à vendre zu verkaufen

B

barré gesperrt
Belgique *f* Belgien
Bienvenue! Willkommen!
billet *m* Geldschein; Fahrkarte; Eintrittskarte; Theaterkarte, Kinokarte
billetterie *f* Geldautomat
boissons *f/pl* Getränke
boîte *f* **aux lettres** Briefkasten
boucherie *f* Metzgerei
boulangerie *f* Bäckerei
brasserie *f* (größere) Kneipe
bureau *m* **de tabac** Tabakwarenladen
bus *m* Bus

C

cabine *f* **(téléphonique)** Telefonzelle
caisse *f* Kasse
car *m* Reisebus
carrefour *m* Kreuzung
carte *f* **d'identité** Personalausweis
caution *f* Kaution
Céder le passage! Vorfahrt beachten!
centre *m* Zentrum
change *m* Geldwechsel
charcuterie *f* Wurstwaren
chaud warm, heiß
chaussée *f* Fahrbahn
chèque *m* Scheck
cinéma *m* Kino
coiffeur *m* Friseur
composter entwerten
composteur *m* Entwerter *(für Fahrkarten)*
compris inbegriffen
contrôle *m* Kontrolle
croisement *m* Kreuzung

D

Dames *f/pl* Damen
danger *m* Gefahr
dangereux gefährlich
déjeuner *m* Mittagessen
départ *m* Abfahrt, Abreise, Abflug
déviation *f* Umleitung
dimanche *m* Sonntag
dîner *m* Abendessen
direction *f* Richtung; Leitung
distributeur *m* **automatique** Automat

E

eau *f* **(non) potable** (Kein) Trinkwasser
église *f* Kirche
enfants *m/pl* Kinder
Entrez! Herein!
épicerie *f* Lebensmittelgeschäft
escaliers *m/pl* **roulants** Rolltreppe
essence *f* Benzin
étranger *m* Ausland, Ausländer
euro *m* Euro
exposition *f* Ausstellung
extincteur *m* Feuerlöscher

F

fait main handgemacht
Femmes Frauen
fermé geschlossen
fête *f* Fest
feu *m* **(de signalisation)** Ampel
foire *f* Messe (*Handelsmesse*)
français französisch
Français *m* Franzose
Française *f* Französin
France *f* Frankreich
froid kalt
fumer rauchen
fumeur *m* Raucher

G

gardé bewacht
gare *f* Bahnhof
  gare routière Busbahnhof
gazole *m* Diesel (*Treibstoff*)
grand magasin *m* Kaufhaus
gratuit gratis
groupe *m* Gruppe
guichet *m* Schalter

H

halles *f/pl* Markthalle
handicapés *m/pl* Behinderte
hebdomadaire wöchentlich
heure *f* Uhr, Stunde
heures *f/pl* **d'ouverture** Öffnungszeiten
Hommes *m/pl* Männer
hôpital *m* Krankenhaus
horaire *m* Fahrplan, Flugplan
hors service außer Betrieb
hôtel *m* Hotel
  hôtel de ville Rathaus

I

ici hier
impair ungerade (*Zahl*)
inclus inbegriffen
information *f* Information
interdit verboten
issue *f* **de secours** Notausgang

J

jeudi *m* Donnerstag
jour *m* Tag
jour férié Feiertag
jour ouvrable Werktag
journaux *m/pl* Zeitungen

L

laverie *f* **automatique** Waschsalon
lettres *f/pl* Briefe
librairie *f* Buchhandlung
libre frei
libre service *m* Selbstbedienung
location *f* Vermietung
lundi *m* Montag

M

mairie *f* Rathaus
marché *m* Markt
marché aux puces Flohmarkt
mardi *m* Dienstag
matin *m* Vormittag
médecin *m* Arzt
menu *m* Menü; Speisekarte
mercredi *m* Mittwoch
Messieurs *m/pl* Herren
métro *m* U-Bahn
monnaie *f* Kleingeld; Restgeld, Wechselgeld; Währung
musée *m* Museum

N

non-fumeur *m* Nichtraucher
nuit *f* Nacht
numéro *m* Nummer

O

objets *m/pl* **trouvés** Fundbüro
occupé belegt, besetzt
office *m* **de tourisme** Fremdenverkehrsamt
ouvert offen

P

P.T.T. *f/pl* **(Postes, télégraphe et téléphone)** Post und Telefon
pair gerade *(Zahl)*
parcmètre *m* Parkuhr
parking *m* Parkplatz, Parkhaus
passage *m* **souterrain** Unterführung
passeport *m* Reisepass
péage *m* Maut, Mautstelle
pension *f* Pension
périphérique *m* Ringstraße
petit déjeuner *m* Frühstück
pharmacie *f* Apotheke
pièce *f* Münze
piéton *m* Fußgänger
piscine *f* Schwimmbad
place *f* Platz
plat *m* **du jour** Tagesgericht
poids *m* **lourd** Lkw
police *f* Polizei
pont *m* Brücke
port *m* Hafen
poste *f* Post, Postamt
poste restante postlagernd
Poussez! Bitte drücken!
premier erste(-r, -s)
Premiers Secours *m/pl* Erste Hilfe
pressing *m* Reinigung
priorité *f* Vorfahrt
privé privat
prix *m* Preis
prochain nächste(-r, -s)
promotion *f* Sonderangebot

Prudence! *f* Vorsicht!
public öffentlich
public *m* Publikum

R

R.E.R. *m* **(réseau express régional)** S-Bahn
ralentir langsamer fahren
réception *f* Rezeption
réclamation *f* Beschwerde
réduction *f* Ermäßigung
réduit ermäßigt
Renseignements *m/pl* Auskunft
restaurant *m* Restaurant
retard *m* Verspätung
rez-de-chaussée *m* Erdgeschoss
Risque *m* **d'incendie** Brandgefahr

S

salle *f* Saal
salle d'attente Warteraum
Salut! Hallo!
samedi *m* Samstag
S.A.M.U. *m* **(Service d'aide médicale urgente)** Notarzt
seconde *f* Sekunde
service *m* Bedienung
signature *f* Unterschrift
Silence! Ruhe!
S.N.C.F. *f* **(Société nationale des chemins de fer français)** französische Eisenbahngesellschaft
soir *m* Abend
sonner klingeln
sonnette *f* Klingel
sortie *f* Ausgang, Ausfahrt
sous-sol *m* Untergeschoss
station *f* **de métro** U-Bahnstation
Stationnement *m* **réglementé!** Parklizenz erforderlich!
Suisse *f* Schweiz
Syndicat *m* **d'initiative** Fremdenverkehrsamt

T

T.G.V. *m* **(train à grande vitesse)** Hochgeschwindigkeitszug
tabac *m* Tabakwarenladen
Tarif *m* **des consommations** Preistabelle *(in Kneipe)*
téléphone *m* Telefon
terrain *m* **de camping** Campingplatz
théâtre *m* Theater
ticket *m* Fahrkarte *(für U-Bahn, S-Bahn, Bus)*
timbres *m/pl* Briefmarken
Tirez! Bitte ziehen!
Toilettes *f/pl* Toilette
tous les jours (sauf) täglich (außer)
tout droit geradeaus
toutes directions alle Richtungen

V

vendredi *m* Freitag
vente *f* Verkauf
visite *f* Besichtigung, Besuch
visite guidée Führung

Z

zone *f* **piétonne** Fußgängerzone

A

B

C

D

E

F

O

P

R

S

T

U

V

W

Z